GRöLS Verlage

„Bücher sind wie Fallschirme. Sie nützen uns nichts, wenn wir sie nicht öffnen."

Gröls Verlag

Redaktionelle Hinweise und Impressum

Das vorliegende Werk wurde zugunsten der Authentizität sehr zurückhaltend bearbeitet. So wurden etwa ursprüngliche Rechtschreibfehler *nicht* systematisch behoben, denn kleine Unvollkommenheiten machen das Buch – wie im Übrigen den Menschen – erst authentisch. Mitunter wurden jedoch zum Beispiel Absätze behutsam neu getrennt, um den Lesefluss zu erleichtern.

Um die Texte zu rekonstruieren, werden antiquarische Bücher von Lesegeräten gescannt und dann durch eine Software lesbar gemacht. Der so entstandene Text wird von Menschen gegengelesen und korrigiert – hierbei treten auch Fehler auf. Wenn Sie ebenfalls antiquarische Texte einreichen möchten, finden Sie weitere Informationen auf www.groels.de

Viel Freude bei der Lektüre wünscht Ihnen das Team des Gröls-Verlags.

Adressen

Verleger: Sophia Gröls, Im Borngrund 26, 61440 Oberursel

Externer Dienstleister für Distribution & Herstellung: BoD, In de Tarpen 42, 22848 Norderstedt

Unsere „Edition | Werke der Weltliteratur“ hat den Anspruch, eine der größten und vollständigsten Sammlungen klassischer Literatur in deutscher Sprache zu sein. Nach und nach versammeln wir hier nicht nur die „üblichen Verdächtigen“ von Goethe bis Schiller, sondern auch Kleinode der vergangenen Jahrhunderte, die – zu Unrecht – drohen, in Vergessenheit zu geraten. Wir kultivieren und kuratieren damit einen der wertvollsten Bereiche der abendländischen Kultur. Kleine Auswahl:

Francis Bacon • Neues Organon • **Balzac** • Glanz und Elend der Kurtisanen • **Joachim H. Campe** • Robinson der Jüngere • **Dante Alighieri** • Die Göttliche Komödie • **Daniel Defoe** • Robinson Crusoe • **Charles Dickens** • Oliver Twist • **Denis Diderot** • Jacques der Fatalist • **Fjodor Dostojewski** • Schuld und Sühne • **Arthur Conan Doyle** • Der Hund von Baskerville • **Marie von Ebner-Eschenbach** • Das Gemeindekind • **Elisabeth von Österreich** • Das Poetische Tagebuch • **Friedrich Engels** • Die Lage der arbeitenden Klasse • **Ludwig Feuerbach** • Das Wesen des Christentums • **Johann G. Fichte** • Reden an die deutsche Nation • **Fitzgerald** • Zärtlich ist die Nacht • **Flaubert** • Madame Bovary • **Gorch Fock** • Seefahrt ist not! • **Theodor Fontane** • Effi Briest • **Robert Musil** • Über die Dummheit • **Edgar Wallace** • Der Frosch mit der Maske • **Jakob Wassermann** • Der Fall Maurizius • **Oscar Wilde** • Das Bildnis des Dorian Grey • **Émile Zola** • Germinal • **Stefan Zweig** • Schachnovelle • **Hugo von Hofmannsthal** • Der Tor und der Tod • **Anton Tschechow** • Ein Heiratsantrag • **Arthur Schnitzler** • Reigen • **Friedrich Schiller** • Kabale und Liebe • **Nicolo Machiavelli** • Der Fürst • **Gotthold E. Lessing** • Nathan der Weise • **Augustinus** • Die Bekenntnisse des heiligen Augustinus • **Marcus Aurelius** • Selbstbetrachtungen • **Charles Baudelaire** • Die Blumen des Bösen • **Harriett Stowe** • Onkel Toms Hütte • **Walter Benjamin** • Deutsche Menschen • **Hugo Bettauer** • Die Stadt ohne Juden • **Lewis Caroll** • *und viele mehr….*

Oswald Spengler

Preußentum und Sozialismus

Inhalt

Einleitung

Diese kleine Schrift ist aus Aufzeichnungen hervorgegangen, die für den „Untergang des Abendlandes“, namentlich den zweiten Band bestimmt, die teilweise sogar der Keim waren, aus dem diese ganze Philosophie sich entwickelt hat.

Das Wort Sozialismus bezeichnet nicht die tiefste, aber die lauteste Frage der Zeit. Jeder gebraucht es. Jeder denkt dabei etwas andres. Jeder legt in dieses Schlagwort aller Schlagworte das hinein, was er liebt oder haßt, fürchtet oder wünscht. Aber niemand übersieht die historischen Bedingungen in ihrer Enge und Weite. Ist Sozialismus ein Instinkt oder ein System? Das Endziel der Menschheit oder ein Zustand von heute und morgen? Oder ist er nur die Forderung einer einzelnen Klasse? Ist er mit dem Marxismus identisch?

Der Fehler aller Wollenden ist, daß sie das, was sein sollte, mit dem verwechseln, was sein *wird*. Wie selten ist der *freie* Blick über das Werden hin! Noch sehe ich niemand, der den Weg dieser Revolution begriffen, ihren Sinn, ihre Dauer, ihr Ende überschaut hätte. Man verwechselt Augenblicke mit Epochen, das nächste Jahr mit dem nächsten Jahrhundert, Einfälle mit Ideen, Bücher mit Menschen. Diese Marxisten sind nur im Verneinen stark, im Positiven sind sie hilflos. Sie verraten endlich, daß ihr Meister nur ein Kritiker, kein Schöpfer war. Für eine Welt von Lesern hat er Begriffe hinterlassen. Sein von Literatur gesättigtes, durch Literatur gebildetes und zusammengehaltenes Proletariat war nur so lange Wirklichkeit, als es die Wirklichkeit des Tages ablehnte, nicht darstellte. Heute ahnt man es – Marx war nur der Stiefvater des Sozialismus. Es gibt ältere, stärkere, tiefere Züge in ihm als dessen Gesellschaftskritik. Sie waren ohne ihn da und haben sich ohne ihn und gegen ihn weiter entfaltet. Sie stehen nicht auf dem Papier, sie liegen im Blut. Und nur das Blut entscheidet über die Zukunft.

Wenn aber der Sozialismus nicht Marxismus ist – was ist er dann? Hier steht die Antwort. Heute schon ahnt man sie, aber den Kopf voller Pläne,

Standpunkte, Ziele, wagt man nicht, sie zu wissen. Man flüchtet vor Entscheidungen von der ehemaligen energischen Haltung zu mittleren, veralteten, milderen Auffassungen, selbst zu Rousseau, zu Adam Smith, zu irgendetwas. Schon ist jeder Schritt gegen Marx gerichtet, aber bei jedem ruft man ihn an. Indessen ist die Zeit der Programmpolitik vorbei. Wir späten Menschen des Abendlandes sind Skeptiker geworden. Ideologische Systeme werden uns nicht mehr den Kopf verwirren. Programme gehören in das vorige Jahrhundert. Wir wollen keine Sätze mehr, wir wollen uns selbst.

Und damit ist die Aufgabe gestellt: es gilt, den deutschen Sozialismus von Marx zu befreien. Den deutschen, denn es gibt keinen andern. Auch das gehört zu den Einsichten, die nicht länger verborgen bleiben. Wir Deutsche sind Sozialisten, auch wenn niemals davon geredet worden wäre. Die andern können es gar nicht sein.

Ich zeichne hier nicht eine jener „Versöhnungen“, kein Zurück oder Beiseite, sondern ein *Schicksal*. Man entgeht ihm nicht, wenn man die Augen schließt, es verleugnet, bekämpft, vor ihm flüchtet. Das sind nur andere Arten es zu erfüllen. *Ducunt volentem fata, nolentem trahunt*. Altpreußischer Geist und sozialistische Gesinnung, die sich heute mit dem Hasse von Brüdern hassen, sind ein und dasselbe. Das lehrt nicht die Literatur, sondern die unerbittliche Wirklichkeit der Geschichte, in der das Blut, die durch nie ausgesprochne Ideen gezüchtete Rasse, der zur einheitlichen Haltung von Leib und Seele gewordne Gedanke über bloße Ideale, über Sätze und Schlüsse hinwegschreitet.

Ich zähle damit auf den Teil unserer Jugend, der tief genug ist, um hinter dem gemeinen Tun, dem platten Reden, dem wertlosen Plänemachen das Starke und *Unbesiegte* zu fühlen, das seinen Weg vorwärts geht, trotz allem; die Jugend, in welcher der Geist der Väter sich zu lebendigen Formen gesammelt hat, die sie fähig machen, auch in Armut und Entsagung, römisch im Stolz des Dienens, in der Demut des Befehlens, nicht Rechte von andern, sondern Pflichten von sich selbst fordernd, alle *ohne Ausnahme, ohne Unterschied*, ein Schicksal zu erfüllen, das sie in sich fühlen, das sie sind. Ein wortloses Bewußtsein, das den einzelnen in ein Ganzes fügt, unser Heiligstes und Tiefstes, ein Erbe harter Jahrhunderte, das uns vor allen andern Völkern auszeichnet, uns, das jüngste und letzte unsrer Kultur.

An diese Jugend wende ich mich. Möge sie verstehen, was damit ihrer Zukunft auferlegt wird; möge sie stolz darauf sein, daß man es darf.

Die Revolution

1.

Die Geschichte kennt kein Volk, dessen Weg tragischer gestaltet wäre. In den großen Krisen kämpften alle andern um Sieg oder Verlust; wir haben immer um Sieg oder Vernichtung gekämpft: von Kolin und Hochkirch über Jena und die Freiheitskriege, wo noch auf französischem Boden versucht wurde, durch eine Aufteilung Preußens die Verständigung zwischen dessen Verbündeten und Napoleon zu erreichen, über jene verzweifelte Stunde von Nikolsburg, in der Bismarck an Selbstmord dachte, und Sedan, das die Kriegserklärung Italiens und damit eine allgemeine Offensive der Grenzmächte eben noch abwandte, bis zu dem Gewitter furchtbarer Kriege über den ganzen Planeten hin, dessen erste Schläge eben verhallt sind. Nur der Staat Friedrichs des Großen und Bismarcks durfte es wagen, an Widerstand überhaupt zu denken.

In all diesen Katastrophen haben Deutsche gegen Deutsche gestanden. Es gehört nur der Oberfläche der Geschichte an, daß es oft Stamm gegen Stamm oder Fürst gegen Fürst war; in der Tiefe ruhte jener Zwiespalt, den jede deutsche Seele birgt und der schon in gotischer Zeit, in den Gestalten Barbarossas und Heinrichs des Löwen zur Zeit von Legnano groß und düster hervortrat. Wer hat das verstanden? Und wer durchschaut jene Wiederkehr des Herzogs Widukind in Luther? Welcher dunkle Drang ließ all jene Deutschen für Napoleon kämpfen und fühlen, als er mit französischem Blute die englische Idee über den Kontinent trug? Was verbindet in der tiefsten Tiefe das Rätsel von Legnano mit dem von Leipzig? Weshalb empfand Napoleon die Vernichtung der kleinen fridericianischen Welt als seine ernsteste Aufgabe – und im Grunde seines Geistes als eine unlösbare?

Der Weltkrieg ist, am Abend der westlichen Kultur, die große Auseinandersetzung zwischen den beiden germanischen Ideen, Ideen, die wie alle echten nicht gesprochen, sondern gelebt wurden. Er trug seit seinem wirklichen Ausbruch, dem Vorpostengefecht auf dem Balkan 1912, zunächst die äußere Form des Kampfes zweier Großmächte, von denen die eine beinahe niemand, die andre Alle auf ihrer Seite hatte. Er endete zunächst im Stadium der Schützengräben und verrottenden Millionenheere. Aber schon in diesem wurde eine neue Formel des ungemilderten Gegensatzes gefunden, die augenblicklich mit den Schlagworten Sozialismus und Kapitalismus in einem sehr flachen Sinne und mit der vom vorigen Jahrhundert ererbten Überschätzung rein wirtschaftlicher Einzelheiten bezeichnet wird. Hinter ihnen tritt die letzte große Seelenfrage des faustischen Menschen zutage. In diesem Augenblick tauchte, den Deutschen selbst nicht bewußt, das napoleonische Rätsel wieder auf. Gegen dieses Meisterstück von Staat, unsre echteste und eigenste Schöpfung, so eigen, daß kein anderes Volk es zu verstehen und nachzuahmen vermochte, daß man es haßte wie alles Dämonisch-Unergründliche, rannte das englische Heer Deutschlands an.

2.

Denn das gibt es. Was hier zum tödlichen Streich ausholte, war nicht notwendig ein Verrat aus weltbürgerlichem Hange oder schlimmeren Gründen; es war ein beinahe metaphysisches Wollen, zäh und selbstlos, oft einfältig genug, oft begeistert und ehrlich patriotisch, aber in seinem bloßen Dasein eine stets bereite Waffe für jeden äußeren Feind von der praktischen Tiefe des Engländers; ein verhängnisvoller Inbegriff von politischen Wünschen, Gedanken, Formen, die in Wirklichkeit nur ein Engländer ausfüllen, meistern, nutzen kann, für Deutsche trotz aller schweren Leidenschaft und ernsten Opferwilligkeit nur ein Anlaß dilettantischer Betätigung, in seiner staatsfeindlichen Wirkung vernichtend, vergiftend, selbstmörderisch. Es war die unsichtbare englische Armee, die Napoleon seit Jena auf deutschem Boden zurückgelassen hatte.

Das, der bis zur Wucht eines Schicksals herausgebildete Mangel an Tatsachensinn ist es, was von der Höhe der Stauferzeit an, wo diese prachtvollen Menschen sich über die Forderung des Tages erhaben fühlten, bis herab zur provinzialen Biedermännerei des 19. Jahrhunderts, die man auf den Namen des deutschen Michel getauft hat, jenem andern Instinkt entgegenarbeitete und ihm eine Entfaltung aufzwang, die seine äußere Geschichte zu einer dichten Folge verzweifelter Katastrophen gestaltet hat. Das Micheltum ist die Summe unsrer Unfähigkeiten, das grundsätzliche Mißvergnügen an überlegnen Wirklichkeiten, die Dienst und Achtung fordern, Kritik zur unrechten Zeit, Ruhebedürfnis zur unrechten Zeit, Jagd nach Idealen statt rascher Taten, rasche Taten statt vorsichtigen Abwägens, das „Volk“ als Haufe von Nörglern, die Volksvertretung als Biertisch höherer Ordnung. Alles das ist englisches Wesen, aber in deutscher Karikatur. Und vor allem das Stückchen privater Freiheit und verbriefter Unabhängigkeit, das man genau dann aus der Tasche zieht, wenn John Bull es mit sicherm Instinkt beiseite legen würde.

Der 19. Juli 1917 ist der erste Akt der deutschen Revolution. Das war kein bloßer Wechsel der Führung, sondern wie die brutale Form namentlich dem Gegner verriet, der Staatsstreich des englischen Elements, das seine Gelegenheit wahrnahm. Es war die Auflehnung nicht gegen die Macht eines Unfähigen, sondern gegen die Macht überhaupt. Unfähigkeit der Staatsleitung? Hatten diese Gruppen, in denen nicht ein Staatsmann saß, nur den Splitter im Auge der Verantwortlichen gesehen? Hatten sie statt der Fähigkeiten, die sie nicht bieten konnten, in dieser Stunde etwas andres einzusetzen als ein Prinzip? Es war kein Aufstand des Volkes, das zusah, ängstlich, zweifelnd, obwohl nicht ohne jene michelhafte Sympathie mit allem, was gegen die da oben ging, es war eine Revolution in den Fraktionszimmern. Mehrheitsparteien ist bei uns ein Name für einen Verein von zweihundert Mitgliedern, nicht für den größeren Teil des Volkes. Erzberger als der taktisch begabteste Demagog unter ihnen, groß in Hinterhalten, Überfällen, Skandalen, ein Virtuose im Kinderspiel des Ministerstürzens, ohne die geringste staatsmännische Begabung englischer Parlamentarier, deren Kniffe er nur beherrschte, zog den Schwarm der Namenlosen nach sich, die auf eine öffentliche Rolle, gleichviel welche, erpicht waren. Es waren die Epigonen der Biedermeierrevolution von 1848, die Opposition als Weltanschauung betrachteten, und die Epigonen der Sozialdemokratie, denen die eiserne Hand Bebels fehlte, der mit seinem starken Wirklichkeitssinn dies schamlose Schauspiel nicht geduldet, der eine Diktatur, von rechts oder links, gefordert und *erreicht* hätte. Er hätte dies Parlament zum Teufel gejagt und die Pazifisten und Völkerbundsschwärmer erschießen lassen.

Das also war der Bastillesturm der deutschen Revolution.

Souveränität der Parteiführer ist ein englischer Gedanke. Um ihn zu verwirklichen, müßte man Engländer von Instinkt sein und den gesamten Stil des englischen öffentlichen Lebens hinter sich und in sich haben. Mirabeau dachte daran. „Die Zeit, in der wir leben, ist sehr groß; die Menschen aber sind sehr klein und noch sehe ich niemand, mit dem ich mich einschiffen möchte" – ihm dies stolze und resignierte Wort nachzusprechen, hatte 1917 niemand das Recht. Die Härte der Staatsgewalt brechen, nichts Entscheidendes mehr über sich dulden, ohne selbst Entscheidungen gewachsen zu sein, das war der rein negative Sinn dieses Staatsstreiches: Absetzung des Staates, Ersatz durch eine Oligarchie subalterner Parteihäupter, die nach wie vor Opposition als Beruf und Regieren als Anmaßung empfanden, vor dem lachenden Gegner, vor verzweifelnden Zuschauern im Innern Stück für Stück abtragen, anbohren, verrücken, die neue Allmacht an den wichtigsten Beamten erproben wie ein Negerkönig ein Gewehr an seinen Sklaven, das war der neue Geist, bis in der schwarzen Stunde des letzten Widerstandes dieser Staat verschwand.

3.

Dem Handstreich der englischen Staatsgegner folgte mit Notwendigkeit im November 1918 der Aufstand des marxistischen Proletariats. Der Schauplatz wurde aus dem Sitzungssaal auf die Straße verlegt. Gedeckt durch die Meuterei der „Heimatarmee“ brachen die Leser der radikalen Presse los, von den klügeren Führern verlassen, die nur noch halb von ihrer Sache überzeugt waren. Auf die Revolution der Dummheit folgte die der Gemeinheit. Es war wieder nicht das Volk, nicht einmal die sozialistisch geschulte Masse; es war das Pack mit dem Literatengeschmeiß an der Spitze, das in Aktion trat. Der echte Sozialismus stand im letzten Ringen an der Front oder lag in den Massengräbern von halb Europa, der, welcher im August 1914 aufgestanden war und den man hier verriet.

Es war die sinnloseste Tat der deutschen Geschichte. Es wird schwer sein, in der Geschichte andrer Völker Ähnliches zu finden. Ein Franzose würde den Vergleich mit 1789 als eine Beleidigung seiner Nation mit Recht ablehnen.

War das die große deutsche Revolution?

Wie flach, wie flau, wie wenig überzeugt war das alles! Wo man Helden erwartete, fand man befreite Sträflinge, Literaten, Deserteure, die brüllend und stehlend, von ihrer Wichtigkeit und dem Mangel an Gefahr trunken, umherzogen, absetzten, regierten, prügelten, dichteten. Man sagt, diese Gestalten beschmutzen jede Revolution. Gewiß. Nur daß in den andern das gesamte Volk mit solcher Urgewalt hervorbrach, daß die Hefe verschwand. Hier handelte sie allein. Die ungeheure Masse, die *ein* Gedanke zur Einheit schmiedete, blieb aus.

In der Bebelpartei war etwas Soldatisches gewesen, das sie vor dem Sozialismus aller andern Länder auszeichnete, klirrender Schritt der Arbeiterbataillone, ruhige Entschlossenheit, Disziplin, der Mut, für etwas Jenseitiges zu sterben. Seit die intelligenteren Führer von gestern sich dem Feinde von gestern, der vormärzlichen Spießbürgerlichkeit in die Arme geworfen hatten, aus Angst vor dem Erfolg einer Sache, die sie seit

40 Jahren vertraten, aus Angst vor der Verantwortung, vor dem Augenblick, wo sie Wirklichkeiten nicht mehr angreifen, sondern schaffen sollten, erlosch die Seele der Partei. Hier trennten sich – zum ersten Male! – Marxismus und Sozialismus, die Klassentheorie und der Gesamtinstinkt. Beschränkte Ehrlichkeit war nur bei den Spartakisten. Die Klügeren hatten den Glauben an das Dogma verloren, den Mut zum Bruche mit ihm noch nicht gefunden. Und so hatten wir das Schauspiel einer Arbeiterschaft, die durch einige dem Gehirn eingehämmerte Sätze und Begriffe in ihrem Bewußtsein vom Volke abgespalten war, von Führern, die ihre Fahne verließen, Geführten, die nun führerlos vorwärts stolperten – am Horizont ein Buch, das sie nie gelesen und das jene in seiner Beschränktheit nie verstanden hatten. Sieger in einer Revolution ist nie eine einzelne Klasse – da hat man 1789 falsch verstanden; Bourgeoisie ist nur ein Wort –, sondern, es sei immer wieder gesagt, das Blut, die zum Leib, zum Geist gewordne Idee, die alle vorwärts treibt. Sie *nannten* sich 1789 die Bourgeoisie, aber jeder echte Franzose war und ist heute noch Bürger. Jeder echte Deutsche ist Arbeiter. Das gehört zum Stil seines Lebens. Die Marxisten hatten die Gewalt in Händen. Aber sie dankten freiwillig ab; der Aufstand kam für ihre Überzeugung zu spät. Er war eine Lüge.

4.

Verstehen wir überhaupt etwas von Revolution? Als Bakunin 1848 den Aufruhr in Dresden mit einer Niederbrennung aller öffentlichen Gebäude krönen wollte und auf Widerstand stieß, erklärte er „Die Deutschen sind zu dumm dazu“ und ging seiner Wege. Die unbeschreibliche Häßlichkeit der Novembertage ist ohne Beispiel. Kein mächtiger Augenblick, nichts Begeisterndes; kein großer Mann, kein bleibendes Wort, kein kühner Frevel, nur Kleinliches, Ekel, Albernheiten. Nein, wir sind keine Revolutionäre. Keine Not, keine Presse, keine Partei kann einen ordnungswidrigen Sturm mit der Gewalt von 1813, 1870, 1914 hervorrufen. Von ein paar Narren und Strebern abgesehen, wirkte die Revolution auf jeden wie ein einstürzendes Haus, am tiefsten vielleicht auf die Sozialistenführer selbst. Es ist ohne Beispiel: sie hatten plötzlich, was sie seit 40 Jahren erstrebten, die volle Gewalt, und empfanden sie als Unglück. Dieselben Soldaten, die unter der schwarz-weiß-roten Fahne vier Jahre lang als Helden gefochten hatten, haben unter der roten nichts gewollt, nichts gewagt, nichts geleistet. Diese Revolution hat ihren Anhängern den echten Mut nicht gegeben, sondern genommen.

Das klassische Land westeuropäischer Revolutionen ist Frankreich. Der Schall tönender Worte, die Blutströme auf dem Straßenpflaster, *la sainte guillotine,* die wüsten Brandnächte, der Paradetod auf der Barrikade, die Orgien rasender Massen – das alles entspricht dem sadistischen Geist dieser Rasse. Was an symbolischen Worten und Akten zu einer vollständigen Revolution gehört, kommt aus Paris und ist von uns nur schlecht nachgeahmt worden. Wie ein proletarischer Aufstand unter feindlichen Kanonen aussieht, haben sie uns schon 1871 vorgeführt. Es wird nicht das einzige Mal gewesen sein.

Der Engländer sucht den inneren Feind von der Schwäche seiner Position zu überzeugen. Gelingt es nicht, so greift er ruhig zu Schwert und Revolver und zwingt ihn, ohne revolutionäre Melodramatik. Er schlägt seinem König den Kopf ab, weil er dies Symbol instinktiv für notwendig hält; es ist für ihn eine Predigt ohne Worte. Der Franzose tut es – aus *revanche,* aus Freude an blutigen Szenen und mit dem geistreichen Kitzel, daß er gerade einen Königskopf daran wenden kann. Denn ohne Menschenköpfe auf Piken, Aristokraten an der Laterne, von Weibern geschlachtete Priester wäre er nicht zufrieden. Das Ergebnis der großen Tage kümmert ihn weniger. Der Engländer will den Zweck, der Franzose die Mittel.

Was wollten wir? Wir bringen es nur zu Karikaturen von beiderlei Art. Prinzipienreiter, Schulfüchse, Schwätzer in der Paulskirche und in Weimar, ein kleiner Spektakel auf der Gasse, ein Volk im Hintergrunde, das wenig beteiligt zusieht. Aber eine *echte* Revolution ist nur die eines ganzen Volkes, ein Aufschrei, ein eherner Griff, ein Zorn, ein Ziel.

Und das, diese deutsche sozialistische Revolution, fand 1914 statt. Sie vollzog sich in legitimen und militärischen Formen. Sie wird, in ihrer dem

Durchschnitt kaum verständlichen Bedeutung, die Widerlichkeiten von 1918 langsam überwinden und als Faktor ihrer fortschreitenden Entwicklung einordnen.

Aber immerhin, im volkstümlichen Bilde der Geschichte wird nicht sie, sondern der Novemberaufstand künftig voranstehen. Man kann sich wohl ausmalen, wie im idealen Fall eine proletarische Revolution an dieser Stelle einzusetzen gehabt hätte. Und da enthüllt sich die überwältigende Feigheit und Minderwertigkeit des Elements, das der proletarische Gedanke zu seiner Verteidigung bereit fand. Auch die großen Revolutionen werden durch Blut und Eisen entschieden. Was hätten bedeutende Massenführer, was hätten die Independenten und Jakobiner in dieser Lage getan! Und die Marxisten? Sie hatten die Macht, sie hätten alles wagen dürfen. *Ein* großer Mann aus der Tiefe, und das ganze Volk wäre ihm gefolgt. Aber nie ist eine Massenbewegung durch die Erbärmlichkeit der Führer und Gefolgsleute elender in den Schmutz gezogen worden. Die Jakobiner waren bereit, alles andre zu opfern, weil sie sich selbst opferten: *marcher volontiers, les pieds dans le sang et dans les larmes,* wie es St. Just formulierte. Sie kämpften gegen die Mehrheit im Innern und gegen halb Europa an der Front. Sie rissen alles mit. Sie schufen Heere aus dem Nichts, sie siegten ohne Offiziere, ohne Waffen.

Hätten ihre Nachäffer von 1918 die rote Fahne an der Front entfaltet, den Kampf auf Leben und Tod gegen das Kapital erklärt; wären sie vorangegangen, um als die ersten zu fallen, sie hätten nicht nur das zu Tode erschöpfte Heer, die Offiziere vom ersten bis zum letzten, sie hätten auch den Westen mitgerissen. In solchen Augenblicken siegt man durch den eignen Tod. Aber sie verkrochen sich; statt an die Spitze roter Heere stellten sie sich an die Spitze gutbezahlter Arbeiterräte. Statt der Schlachten gegen den Kapitalismus gewannen sie die gegen Proviantlager, Fensterscheiben und Staatskassen. Statt ihr Leben verkauften sie ihre Uniformen. An der Feigheit ist diese Revolution gescheitert. Jetzt ist es zu spät. Was in den Tagen des Waffenstillstandes und der Friedensunterzeichnung versäumt wurde, ist niemals nachzuholen. So sank das Ideal der Masse zu einer Reihe schmutziger Lohnerpressungen ohne Gegenleistung herab; auf Kosten des übrigen Volkes, der Bauern, der Beamten, der Geistigen zu schmarotzen, die Worte Rätesystem, Diktatur, Republik so oft an Stelle mangelnder Taten hinauszuschreien, daß sie in zwei Jahren lächerlich geworden sein werden, so weit reichte ihr Mut. Als einzige „Tat" erscheint der Fürstensturz, obwohl gerade die republikanische Regierungsform mit dem Sozialismus nicht das geringste zu tun hat.

Dies alles beweist, daß der „vierte Stand" – im tiefsten Sinne eine Negation – im Gegensatze und als Gegensatz zum übrigen Volke nicht aufbauend wirken kann. Es beweist, wenn dies die sozialistische Revolution war, daß das Proletariat nicht ihr vornehmster Träger ist. Mag kommen, was da will, diese Frage ist unwiderruflich entschieden. Die Klasse, welche Bebel für die Entscheidung herangezüchtet hatte, hat als Einheit versagt. Für immer, denn die verlorne Schwungkraft läßt sich nicht wiedererwecken. Eine große Leidenschaft ist durch Erbitterung nicht zu ersetzen. Und die Verfechter des gestrigen Programms mögen sich nicht täuschen: sie werden den wertvollen Teil der Arbeiterschaft unwiderruflich verlieren und aus Führern einer großen Bewegung werden sie eines Tages zu wortreichen Helden von Vorstadtkrawallen gesunken sein. Vom Erhabenen zum Lächerlichen ist nur ein Schritt.

5.

Das also war die große, seit Generationen verkündete, besungene, angedichtete deutsche Revolution – ein Schauspiel von einer so fürchterlichen Ironie, daß es des Abstandes von Jahrzehnten bedarf, bevor sie dem Deutschen fühlbar wird, eine Revolution, die das umwarf, was sie wollte und nun will, ohne zu wissen was.

Betrachtet man von dieser künftigen Höhe aus die drei Revolutionen, die ehrwürdige, die großartige, die lächerliche, so läßt sich sagen: Die drei spätesten Völker des Abendlandes haben hier drei ideale Formen des Daseins angestrebt. Berühmte Schlagworte kennzeichnen sie: Freiheit, Gleichheit, Gemeinsamkeit. Sie erscheinen in den politischen Fassungen des liberalen Parlamentarismus, der gesellschaftlichen Demokratie, des autoritativen Sozialismus: scheinbar ein neuer Besitz, in Wahrheit nur die äußerste reine Gestaltung des *unveränderlichen* Lebensstils dieser Völker, jedem ganz und allein eigen und keinem andern mitteilbar. Antike Revolutionen stellen lediglich den Versuch dar, eine Lebenslage zu erreichen, in der ein in sich ruhendes Dasein überhaupt möglich und erträglich ist. Trotz der Leidenschaftlichkeit des äußeren Bildes sind sie sämtlich defensiver Natur. Von Kreon bis herab zu Spartacus hat niemand daran gedacht, über die eigne Not des Augenblicks hinaus sich für eine allgemeine Neuordnung der antiken Daseinsbedingungen einzusetzen. Die drei großen Revolutionen des Abendlandes aber entrollen eine *Machtfrage: Ist der Wille des einzelnen dem Gesamtwillen zu unterwerfen oder umgekehrt*? Und man ist entschlossen, die eigne Entscheidung der ganzen Welt aufzuzwingen.

Der englische Instinkt entschied: die Macht gehört dem einzelnen. Freier Kampf des einen gegen den andern; Triumph des Stärkeren: Liberalismus, Ungleichheit. Kein Staat mehr. Wenn jeder für sich kämpft, kommt es in letzter Linie allen zugute.

Der französische Instinkt: die Macht gehört niemand. Keine Unterordnung, also keine Ordnung. Kein Staat, sondern nichts: Gleichheit aller, idealer Anarchismus, in der Praxis immer wieder (1799, 1851, 1871, 1918) durch den Despotismus von Generalen oder Präsidenten lebensfähig erhalten.

Beides heißt Demokratie, aber in sehr verschiedener Bedeutung. Von einem Klassenkampf im marxistischen Sinne ist nicht die Rede. Die englische Revolution, die den Typus des unabhängigen, nur sich selbst verantwortlichen *Privatmannes* hervorbrachte, bezog sich überhaupt nicht auf Stände, sondern auf den Staat. *Der Staat wurde, weltlich wie geistlich, abgeschafft und durch den Vorzug der Insellage ersetzt.* Die Stände bestehen noch heute, allgemein geachtet, instinktiv auch von der Arbeiterschaft anerkannt. Die französische Revolution allein ist ein „Klassenkampf“ aber von Rang-, nicht von Wirtschaftsklassen. Die wenig zahlreichen Privilegierten werden der gleichförmigen Volksmasse, der Bourgeoisie, einverleibt.

Die deutsche Revolution aber ist aus einer Theorie hervorgegangen. Der deutsche, genauer preußische *Instinkt* war: die Macht gehört dem Ganzen. Der einzelne dient ihm. Das Ganze ist souverän. Der König ist nur der erste Diener seines Staates (Friedrich der Große). Jeder erhält seinen Platz. Es wird befohlen und gehorcht. Dies ist, *seit dem 18. Jahrhundert*, autoritativer Sozialismus, dem Wesen nach illiberal und antidemokratisch, soweit es sich um englischen Liberalismus und französische Demokratie handelt. Es ist aber auch klar, daß der preußische Instinkt *antirevolutionär* ist. Den Organismus aus dem Geiste des 18. Jahrhunderts in den des 20. zu überführen – was man in einem ganz andern, spezifisch preußischen Sinne liberal und demokratisch nennen kann – war eine Aufgabe für *Organisatoren*. Die radikale Theorie aber machte aus einem Teil des Volkes einen vierten Stand zurecht – sinnlos in einem Lande der Bauern und Beamten. Sie gab dem überwiegenden, in zahllose Berufsstände gegliederten Teil den Namen „dritter Stand" und bezeichnete ihn damit als Objekt eines Klassenkampfes. Sie machte den sozialistischen Gedanken endlich zum *Privilegium* des vierten Standes. Im Banne dieser Konstruktionen zog man denn im November aus, um das zu erreichen, was im Grunde längst da war. Und da man es im Nebel der Schlagworte nicht erkannte, zerschlug man es. Nicht nur der Staat, auch die *Partei Bebels*, das Meisterwerk eines echt sozialistischen Tatsachenmenschen, durch und durch militärisch und autoritativ und eben damit die unvergleichliche Waffe der Arbeiterschaft, wenn sie dem Staat den Geist des neuen Jahrhunderts einimpfen wollte, ging in Trümmer. Das macht diese Revolution so verzweifelt lächerlich: sie brach auf, um ihr eignes Haus anzuzünden. Was 1914 das deutsche Volk sich selbst versprochen, was es bereits langsam, ohne Pathos zu verwirklichen begonnen hatte, wofür zwei Millionen Männer gefallen waren, wurde verleugnet und vernichtet. Und dann stand man ratlos, ohne zu wissen, was nun veranstaltet werden sollte, um sich selbst das Vorhandensein einer fortschreitenden Revolution zu beweisen. Es war sehr nötig, denn der Arbeiter, der etwas ganz andres erwartet hatte, schaute mißtrauisch auf, aber mit dem täglichen Ausrufen der Schlagworte in die leere Luft hinein war es nicht getan.

6.

Und so richtete der unentwegt liberale Michel den gestürzten Thron wieder auf und setzte sich darauf. Er war der gutmütige Erbe des Narrenstreichs, von ganzem Herzen antisozialistisch und deshalb den Konservativen wie den Spartakisten gleichmäßig abgeneigt, voller Angst, daß beide eines Tages ihr Gemeinsames entdecken möchten. Karl Moor im Klubsessel, der alle Interessenjäger, auch die fragwürdigsten, freisinnig duldete, vorausgesetzt, daß das republikanisch-parlamentarisch-demokratische Prinzip gewahrt blieb, daß man reich an Worten, maßvoll im Tun war, und daß Kühnheit, Entschlossenheit, disziplinierte Unterordnung und andre Zeichen von Autoritätsbewußtsein sorgfältig aus seiner Nähe entfernt blieben. Zu seinem Schutze berief er die einzige Entdeckung der Novembertage, bezeichnenderweise einen Soldaten von echtem Holze, und hegte nun wieder tiefes Mißtrauen gegen den militärischen Geist, ohne den die Farce von Weimar ein schnelles Ende erreicht haben würde.

Was aber hier geleistet wurde an Denken, Können, Haltung, Würde, genügt, um den Parlamentarismus in Deutschland für immer zu richten. Unter dem Symbol der schwarz-rot-gelben Fahne, die damit endgültig lächerlich geworden ist, wurden alle Torheiten der Paulskirche erneuert, wo die Politik ebenfalls keine Tat, sondern ein Geschwätz, ein Prinzip gewesen war. Der Mann von 1917 war auf dem Gipfel: sein Waffenstillstand, sein Völkerbund, sein Friede, seine Regierung. Michel lüftete lächelnd die Mütze in der Erwartung, daß John Bull großartig sein würde und unterschrieb, eine Träne im Augenwinkel, als er es wirklich war und das rasend gewordne Frankreich als seinen Geschäftsführer vorschickte.

Im Herzen des Volkes ist Weimar gerichtet. Man lacht nicht einmal. Der Abschluß der Verfassung stieß auf absolute Gleichgültigkeit. Sie hatten gemeint, der Parlamentarismus stehe am Anfang, während er selbst in

England im raschen Niedergang begriffen ist. Da ihnen Opposition als das Zeichen parlamentarischer Hoheit erschien – obwohl allerdings das englische System starke Individualitäten voraussetzt, die sich auf zwei uralte, einander bedingende Gruppen verteilen, von starken Individualitäten bei uns aber keine Rede war –, so trieben sie unentwegt Opposition gegen eine Regierung, die gar nicht mehr vorhanden war: das Bild einer Schulklasse, wenn der Lehrer fehlt.

Diese Episode ist der tiefsten Verachtung der Zukunft gewiß. 1919 ist der Tiefpunkt deutscher Würde. In der Paulskirche saßen ehrliche Narren und Doktrinäre, weltfremd bis zum Komischen, Jean Paul-Naturen; hier aber fühlte man verschmitzte Interessen dahinter. Es macht keinen Unterschied, ob es sich um Düpierte oder Einverstandene handelt. Diese Parteien verwechselten das Vaterland allzuoft mit dem Vorteil. Wir erleben eine Direktorialzeit vor dem Thermidor. Wehe, wenn wir das übersprungene Stück nachholen müssen! Daß dies verlogene Schauspiel einer nicht geglückten und nicht beendeten Revolution ein Ende nimmt, ist sicher. Draußen bereitet sich ein neuer Akt des Weltkrieges vor. Man lebt heute schnell. Während die Nationalversammlung, ein verschlechterter Reichstag, aus den Trümmern des zerstörten Staates eine Hütte zusammenflickt, in der Schiebertum und Wucher mit Löhnen, mit Waren, mit Ämtern bald die einzige Beschäftigung sein werden, beginnen andre über das letzte Jahr anders zu denken. Sie vergleichen, was da gebaut wird, mit dem, was einmal da war. Sie ahnen, daß ein Volk in Wirklichkeit niemals zwischen verschiedenen Staatsformen zu wählen hat. Wählen läßt sich nur die Verkleidung, nicht der Geist, das Wesentliche, obwohl die öffentliche Meinung beständig beide verwechselt. Was man in eine Verfassung hineinschreibt, ist immer unwesentlich. Was der Gesamtinstinkt allmählich daraus macht, darauf kommt es an. Das englische Parlament regiert nach *ungeschriebenen*, aus einer alten Praxis entwickelten und oft sehr wenig demokratischen Gesetzen und eben deshalb mit so großem Erfolg.

7.

Aber man täusche sich nicht: die Revolution ist *nicht* zu Ende. Ob sinnlos oder nicht, ob gescheitert oder verheißungsvoll begonnen, ob der Auftakt einer Weltrevolution oder eine bloße Auflehnung des Mob in einem einzelnen Lande, es ist eine Krise im Gange, die wie alles Organische, wie eine Krankheit, einen mehr oder weniger typischen Verlauf nimmt, der sinnwidrige Eingriffe nicht duldet. Ethische Worte, wie gerechte Sache oder Verrat, sind der Tatsache selbst gegenüber wertlos. Man muß, als Revolutionär wie als Gegenrevolutionär, Menschenkenner sein, eiskalt und überlegen alle Faktoren des Augenblicks berechnen, das psychologische Feingefühl der alten Diplomatie statt auf Diplomaten- und Fürstenseelen auf die viel schwerer zu durchschauende, auf einen Taktfehler viel gereizter antwortende Massenseele anwenden. Volksführer mit geringer Intelligenz pflegen darin eine unfehlbare Sicherheit zu besitzen. Unsere Volksführer verdanken ihren Mangel an Instinkt vielleicht gerade ihrer echt deutschen Gründlichkeit der theoretischen Schulung. Man muß die Dauer, das Tempo, die Schwingung, das Crescendo oder Decrescendo jeder Phase unbedingt kennen. Wer sich einmal vergreift, hat die Entscheidung aus der Hand verloren. Aber man muß auch wissen, was man entscheiden *kann* und was man laufen lassen und erst im Verlauf aus größeren Gesichtspunkten ausnützen oder unmerklich in eine andre Richtung biegen muß. Revolutionäre großen Stils besaßen immer die Taktik großer Feldherrn. Die Stimmung *einer* Stunde entscheidet über den Sieg einer Armee. Der Doktrinär wird sich gern mit dem Anfang von Revolutionen beschäftigen, wo die Prinzipien klar und hart aufeinanderstoßen; der Skeptiker studiert ihr Ende. Es ist nicht nur wichtiger, es ist auch psychologisch lehrreicher. Die Verhältnisse lagen nie so kompliziert wie heute. Der Ausbruch der Revolution war gleichzeitig die Auslieferung des Landes an den Feind. Das hat, im Gegensatz zu allen andern Ländern, bei uns die gefühlsmäßige Stellung zum Marxismus von einem mächtigen Faktor ganz andrer Art abhängig gemacht. Vaterland und Revolution waren 1792 identisch, 1919 sind es

Gegensätze. Jede neue Phase vollzieht sich unter dem Druck einer feindlichen Kombination. Die englische Revolution spielte sich auf einer Insel ab; die französische behielt dank ihrer Tapferkeit im Felde die Entscheidungen in der Hand. In der deutschen Revolution aber zählen Paris, London und Newyork mit, nicht mit ihren Arbeiterbewegungen, sondern mit Truppen, die sie marschieren lassen, wenn die deutsche Revolution eine ihnen nicht erwünschte Form annimmt. Die Marxisten haben es so gewollt und müssen nun damit rechnen. Außer den Handgranaten des Spartakusbundes und den Maschinengewehren der Reichswehr ist noch die französische Besatzungsarmee und die englische Flotte da. Das heroische Bolschewistengerede in den Zeitungen und die tägliche Niedermetzelung der westlichen Kapitalisten durch Leitartikel und Lügentelegramme ersetzen eine revolutionäre Front mit schwerer Artillerie noch lange nicht. Je mehr man die Weltrevolution predigt, desto ungefährlicher wird sie. Schon der Ton dieses Geredes verrät mehr Ärger als Zuversicht und schließlich hatten ja auch die russischen Revolutionäre nicht die Feigheit vor dem äußeren Feind an die Spitze ihres Programms gestellt. Und man vergesse doch auch nicht, daß die Beteiligung am Novemberaufstand bei vielen nicht aus Begeisterung für irgendein Programm, sondern aus Verzweiflung, aus Hunger, aus der nicht länger zu ertragenden Anspannung der Nerven hervorging. Die Versailler Beschlüsse lassen den Kriegszustand fortdauern, aber wie lange wird man seine seelische Wirkung für statt gegen die marxistischen Ziele einstellen dürfen? Die Waffe des Generalstreiks ist abgenutzt. Das verlorene erste Jahr einer jungen Bewegung ist nicht nachzuholen, und auch das Schauspiel der Nationalversammlung kann wohl gegen die Versammlung, aber nicht notwendig für die Sache ihrer kläglichen Schrittmacher einnehmen. Und endlich beachte man den rasch nahenden, jede Revolution innerlich abschließenden Zeitpunkt, wo das eigentliche Volk Ruhe und Ordnung um jeden Preis haben will und auch durch den stärksten Druck der revolutionären Minderheit nicht mehr zu bewegen ist, zu prinzipiellen Fragen Stellung zu nehmen. Diesen Zeitpunkt hinauszuschieben oder aufzuheben steht in niemandes Macht. Man vergleiche die in sozialistischen Schriften gern unterschlagenen Ziffern der Wählerbeteiligung bei den Jakobinerabstimmungen mit denen bei Einsetzung des Konsuls Bonaparte und man begreift: selbst das französische Volk hatte den revolutionären Zustand endlich satt. Die Geduld des deutschen Volkes wird schneller zu Ende sein.

Aber andrerseits: nicht nur die grundsätzlichen Anhänger, auch die grundsätzlichen Gegner jedes Umsturzes sind in Gefahr, sich zu irren. Eine tiefe, aber unbestimmte Enttäuschung ist von dem Entschluß der Verzichtleistung weit entfernt. Das Gefühl einer gescheiterten Erhebung, wie es heute in weiten Schichten besteht, ist wie eine offene Wunde, die keine Berührung erträgt. Was keine Anstrengung der Radikalen mehr vermag, würde der geringste Versuch der Gegengruppe, die Revolution gewaltsam zu beenden, sofort herbeiführen: eine wilde Erbitterung von ansteckender Kraft, die von entschlossenen Führern zu weittragenden Handlungen ausgenutzt werden kann. Der Gang der Ereignisse würde sich damit nicht dem Sinne und der Dauer, aber der Form und Stärke nach entscheidend ändern. Er könnte sehr blutig werden. Wir befinden uns heute in der Mitte der Bewegung mit jener unergründlichen Haltung der Massenseele, die auch in den andern großen Revolutionen den klügsten Kennern jähe Überraschungen bereitet hat. Verbirgt die gespannte Ruhe einen ungeschwächten Willen oder verrät der gereizte Lärm die Ahnung des endgültigen Mißerfolgs? Ist es für eine Aktion der Anhänger zu spät? Für eine Aktion der Gegner zu früh? Man weiß, daß Dinge, die zu einer gewissen Zeit nicht einmal berührt werden dürfen, zwei Jahre darauf von selbst fallen. Das galt 1918, das wird im umgekehrten Sinne aber auch in naher Zukunft gelten. Die Höflinge von gestern sind die Königsmörder von heute und die Königsmörder von heute die Herzöge von morgen. Niemand kann in solchen Zeiten für die Dauer seiner Überzeugung einstehen.

Aber mit welchen Zeiträumen ist hier zu rechnen? Sind es Monate oder Jahre? Der Kreislauf der deutschen Revolution steht, nachdem und wie sie einmal in Erscheinung getreten ist, in Hinsicht auf Tempo und Dauer fest. Mag niemand sie kennen, diese Faktoren sind trotzdem vorhanden in ihrer schicksalhaften Bestimmtheit. Wer sich in ihnen vergreift, geht zugrunde. Die Girondisten sind so zugrunde gegangen, weil sie den Gipfel der Revolution hinter sich, aber auch Babeuf, weil er ihn vor sich glaubte. Auch das Eingreifen neuer Kriege, auch das Erscheinen einer großen Persönlichkeit würden nichts ändern. Sie würden die welthistorische *Erscheinung* plötzlich und vollkommen umwandeln können – was für gewöhnliche Betrachter ja allerdings alles bedeutet –, den tiefern Sinn der deutschen Revolution würden sie in seiner Wesenheit nur bestätigen. Ein großer Mann ist derjenige, der den Geist seiner Zeit begreift, in dem dieser Geist lebendige Gestalt geworden ist. Er kommt, nicht um ihn aufzulösen, sondern zu erfüllen.

Woher dieser Geist des deutschen Sozialismus stammt, soll nun entwickelt werden.

Sozialismus als Lebensform

8.

Sechstausend Jahre höherer Menschengeschichte liegen vor uns.

Aus der Masse, die sich über den ganzen Planeten verbreitet hat, sondert sich, Geschichte im tiefern Sinne, das Schauspiel und Schicksal der großen Kulturen ab. Sie liegen vor dem Auge des Betrachters als Formenwelten von gleichartigem Bau, mächtiges Seelentum, das sichtbare Gestalt gewinnt, innerstes Geheimnis, das sich in lebendig fortschreitender Wirklichkeit ausdrückt.

Ein unveränderliches Ethos wirkt in ihnen. Es prägt nicht nur je eine ganz bestimmte Art von Glauben, Denken, Fühlen, Tun, von Staat, Kunst und Lebensordnung, sondern auch einen antiken, indischen, chinesischen, abendländischen Typus „Mensch" von vollkommen eigner Haltung des Leibes und der Seele, einheitlich in Instinkt und Bewußtsein, Rasse *in geistigem Sinne*, aus.

Jedes dieser Gebilde ist in sich selbst vollendet und unabhängig. Historische Einwirkungen, über deren dichtem Gewebe die landläufige

Geschichtsschreibung alles andre vergißt, haften am Äußerlichsten; innerlich bleiben Kulturen, was sie sind. So blühen sie am Nil und Euphrat, Ganges, Hoangho und ägäischen Meer, in der semitischen Wüste und der nordischen stromreichen Ebene auf, die Menschen ihrer Landschaft zu Völkern heranzüchtend, *die nicht Schöpfer, sondern Schöpfungen dieser Kulturen sind,* untereinander an Geist und Sinn verschieden und sich leidenschaftlich widerstrebend: Dorer und Jonier, Hellenen und Etrusko-Römer – die Völker der altchinesischen Welt – Germanen und Romanen, Deutsche und Engländer, nach außen aber und einer fremden Kultur gegenüber sofort als Einheit wirkend: der antike, der chinesische, der abendländische Mensch.

Eine Idee ruht in der Tiefe jeder Kultur, die sich in bedeutungsschweren Urworten ankündet: das Tao und Li der Chinesen, der Logos und das „Seiende" der apollinische Griechen, Wille, Kraft, Raum in den Sprachen des faustischen Menschen, der sich vor allen andern durch seinen unersättlichen Willen nach Unendlichkeit auszeichnet, der mit dem Fernrohr die Dimensionen des Weltraums, mit Schienen und Drähten die der Erdoberfläche besiegt, mit seinen Maschinen die Natur, mit seinem historischen Denken die Vergangenheit, die er seinem eignen Dasein als „Weltgeschichte" einordnet, mit seinen Fernwaffen den ganzen Planeten samt den Resten aller älteren Kulturen unterwirft, denen er heute seine eignen Daseinsformen aufzwingt – wie lange?

Denn zuletzt, nach einer abgemessenen Reihe von Jahrhunderten, verwandelt sich jede Kultur in Zivilisation. Was lebendig war, wird starr und kalt. Innere Weiten, Seelenräume werden ersetzt durch Ausdehnung im körperhaft Wirklichen, das Leben im Sinne des Meisters Eckart wird zum Leben im Sinne der Nationalökonomie, *Gewalt der Ideen wird Imperialismus.* Letzte, sehr irdische Ideale breiten sich aus, reife Stimmungen mit der vollen Erfahrung des Alters: von Sokrates, Laotse, Rousseau, Buddha an wendet der Weg sich jedesmal abwärts. Sie sind alle innerlich verwandt, ohne echte Metaphysik, Wortführer praktischer abschließender Weltanschauung und Lebenshaltung, für die wir umfassende Namen wie Buddhismus, Stoizismus, Sozialismus besitzen.

9.

Und so bezeichnet Sozialismus in diesem späten Sinne, nicht als dunkler Urtrieb, wie er sich im Stil gotischer Dome, im Herrscherwillen großer Kaiser und Päpste, in spanischer und englischer Gründung von Reichen ausspricht, in denen die Sonne nicht untergeht, sondern als politischer, sozialer, wirtschaftlicher Instinkt realistisch angelegter Völker eine Stufe unserer Zivilisation, nicht mehr unsrer Kultur, die um 1800 zu Ende ging.

Aber in diesem nun ganz nach außen gewandten Instinkt lebt der alte faustische Wille zur Macht, zum Unendlichen weiter in dem furchtbaren Willen zur unbedingten Weltherrschaft im militärischen, wirtschaftlichen, intellektuellen Sinne, in der Tatsache des Weltkrieges und der Idee der Weltrevolution, in der Entschlossenheit, durch die Mittel faustischer Technik und Erfindung das Gewimmel der Menschheit zu einem Ganzen zu schweißen. Und so ist der moderne Imperialismus auf den *ganzen* Planeten gerichtet. Der babylonische hatte sich auf Vorderasien, der indische auf Indien beschränkt, der antike fand seine Grenzen in Britannien, Mesopotamien und der Sahara, der chinesische am kaspischen Meer. Wir kennen keine Grenze. Wir haben Amerika durch eine neue Völkerwanderung zu einem Teil Westeuropas gemacht; wir haben alle Erdteile mit Städten unsres Typus besetzt, unsrem Denken, unsren Lebensformen unterworfen. Es ist der höchste überhaupt erreichbare Ausdruck unsres dynamischen Weltgefühls. Was wir glauben, sollen alle glauben. Was wir wollen, sollen alle wollen. Und da Leben für uns äußeres Leben, politisches, soziales, wirtschaftliches Leben geworden ist, so sollen alle sich unserm politischen, sozialen, wirtschaftlichen Ideal fügen oder zugrunde gehen.

Dies immer klarer werdende Bewußtsein habe ich modernen Sozialismus genannt. Es ist das Gemeinsame in uns. Es wirkt in jedem Menschen von Warschau bis San Franzisko, es zwingt jedes unsrer Völker in den Bann seiner Gestaltungskraft.

Aber auch *nur* uns. Antiken, chinesischen, russischen Sozialismus in diesem Sinne gibt es nicht.

Im Innern dieses mächtigen Gesamtbewußtseins aber herrschen Feindschaft und Widerspruch. Denn die Seele jeder einzelnen Kultur leidet an einem einzigen, aber *unheilbaren* Zwiespalt. Die Geschichte jeder Kultur ist ein nie beendeter Kampf zwischen Völkern, zwischen Klassen, zwischen Einzelnen, zwischen den Eigenschaften eines einzelnen – immer um ein und dieselbe schwere Frage. Ein Gegensinn regt sich, sobald eine Schöpfung ans Licht tritt. Seit Nietzsche kennen wir den großen, in immer neuer Gestalt fortwirkenden Gegensatz im antiken Dasein: Apollo und Dionysos, Stoa und Epikur, Sparta und Athen, Senat und Plebs, Tribunat und Patriziat. Bei Cannä stand in Hannibal der epikuräische Hellenismus dem stoisch-senatorischen Rom gegenüber. Bei Philippi erlag dies spartanische Element Roms dem athenischen der Cäsaren. Und noch im Muttermorde Neros triumphierte der dionysische Geist des *"panem et circenses"* über die apollinische Strenge der römischen Matrone. In der chinesischen Welt knüpfen sich die Gegensätze aller Epochen, in Leben und Denken, Schlachten und Büchern an die Namen Konfuzius und Laotse und die unübersetzbaren Begriffe des Li und Tao. Und ebenso ist es ein und derselbe Zwist in der faustischen Seele, der in Gotik und Renaissance, Potsdam und Versailles, Kant und Rousseau, Sozialismus und Anarchismus unser Schicksal bestimmt und bis in die letzten Zeiten bestimmen wird.

Trotzdem ist dies Schicksal eine Einheit. Der Widerspruch und Gegensatz dient einer höhern Wirklichkeit. Epikur ist eine andere Form der Stoa, Äschylus hat Apollo und Dionysos, Cäsar hat Senat und Plebs zusammengeführt. Der Taoismus des Laotse hat das konfuzianische China mitgeschaffen. Die abendländischen Völker mit anarchischem Instinkt sind sozialistisch im größeren Sinne des Faustisch-Wirklichen.

Engländer und Preußen

10.

Drei Völker des Abendlandes haben den Sozialismus in einem großen Sinne verkörpert: Spanier, Engländer, Preußen. Von Florenz und Paris aus formte sich der anarchische Gegensinn in zwei andern: Italienern und Franzosen. Der Kampf beider Weltgefühle ist das Grundgerüst dessen, was wir als neuere Weltgeschichte bezeichnen.

Gegen den gotischen Geist, der mit seinem ungeheuren Hang zum Grenzenlosen sich in den Gestalten der großen Kaiser und Päpste, den Kreuzzügen, den Dombauten, dem Rittertum und den Mönchsorden entlud, lehnte sich im 15. Jahrhundert die Seele von Florenz auf. Was wir Renaissance nennen, ist der antigotische Wille zur begrenzten Kunst und zierlichen Gedankenbildung, ist mit dem Haufen von Räuberstaaten all jener Republiken und Kondottieri, der Augenblickspolitik, wie sie in Macchiavellis klassischem Buche fortlebt, dem engen Horizont aller Machtpläne selbst des Vatikans zu dieser Zeit ein Protest gegen die Tiefe und Weite des faustischen Weltbewußtseins. In Florenz ist der Typus des italienischen Volkes entstanden.

Zum zweitenmal erhebt sich der Widerspruch im großen Jahrhundert Frankreichs. Racine stellt sich da neben Rafael, der *esprit* der Pariser Salons neben den des mediceischen Kreises. In den Raubkriegen Ludwigs XIV. wiederholt sich die Politik der Borgia und Sforza, in dem *“l'etat c'est moi“* das Renaissanceideal des freien Herrenmenschen. Franzosen und Italiener sind Nächstverwandte.

Zwischen der Geburt dieser Völker aber liegt das spanische Jahrhundert, vom Sturm auf Rom (1527), wo spanischer Geist den Renaissancegeist brach, bis zum Pyrenäenfrieden (1659), wo er dem französischen wich. Hier lebt die Gotik zum letztenmal in großartigen Formen auf. Im kastilianischen Granden geht das Rittertum zu Ende – Don Quijote, der spanische Faust! –, die Jesuiten sind die einzige und letzte große Gründung seit jenen Ritterorden, die im Kampf gegen die Ungläubigen entstanden waren. Das Reich der spanischen Habsburger verwirklichte die Hohenstaufenidee, das Konzil von Trient die Idee des Papsttums.

Mit dem spanisch-gotischen Geist des Barock breitet sich ein starker und strenger Lebensstil über die westeuropäische Welt. Der Spanier fühlt eine große Mission in sich, kein „Ich", sondern ein „Es". Er ist Soldat oder Priester. Er dient Gott oder dem König. Erst der preußische Stil hat ein Ideal von solcher Strenge und Entsagung wieder ins Dasein gerufen. Im Herzog Alba, dem Mann der großen Pflichterfüllung, hätten wir verwandte Züge finden sollen. Das spanische und preußische Volk allein sind gegen Napoleon aufgestanden. *Und hier, im Escorial, ist der moderne Staat geschaffen worden.* Die große Interessenpolitik der Dynastien und Nationen, die Kabinettsdiplomatie, der Krieg als planmäßig herbeigeführter und berechneter Schachzug inmitten weitreichender politischer Kombinationen – das alles stammt von Madrid. Bismarck war der letzte Staatsmann *spanischen* Stils.

Das politische Machtgefühl von Florenz und Paris wird im Grenzhader befriedigt. Leibniz hat Ludwig XIV. vergebens die Eroberung Ägyptens vorgeschlagen, Kolumbus an beiden Orten vergebens angeklopft. Pisa unterwerfen, die Rheingrenze gewinnen, den Nachbar verkleinern, den Feind demütigen – in dieser Bahn läuft seitdem das politische Denken. Der spanische Geist will sich den Planeten erobern, ein Reich, in dem die Sonne nicht untergeht. Kolumbus trat in seinen Dienst; man vergleiche die spanischen Konquistadoren mit den italienischen Kondottieri. Die Spanier waren es, welche die ganze Erdoberfläche zum Objekt westeuropäischer Politik gemacht haben. Italien selbst wurde eine spanische Provinz. Und man verstehe den mächtigen Gegensatz wohl, der den Sturm auf Rom herbeiführte: der Renaissancekirche wurde da ein Ende gemacht. Ihr und den wesensverwandten Reformationskirchen trat der spanisch-gotische Stil entgegen, der bis heute den Vatikan beherrscht: die Idee der Weltherrschaft ist seitdem nicht wieder erloschen. Von diesem Augenblick an steht der italienische und französische Volksgeist der Kirche feindselig gegenüber, nicht insoweit sie die Religion, sondern soweit sie den spanischen Gedanken der Universalherrschaft darstellt. Die gallikanische Kirchenpolitik der französischen Könige, der Revolution, Napoleons, die antiklerikale Haltung des Königreichs Italien sind so zu erklären. Die Kirche aber stützte sich auf Madrid und Wien.

Denn auch Wien ist eine Schöpfung spanischen Geistes. Nicht die Sprache allein schafft ein Volk. Hier wurde ein Volk, das österreichische, durch den Geist eines Hofes, dann der Geistlichkeit, dann des Adels geschaffen. Es ist den übrigen Deutschen innerlich fremd geworden, unwiderruflich, denn ein Volk von alter Züchtung kann sich nicht ändern, auch wenn es sich vorübergehend einmal darüber täuschen sollte. Dies Volk ist habsburgisch und spanisch, auch wenn niemand vom Hause Habsburg mehr leben sollte; möge sein Verstand nein sagen, sein Instinkt bejaht es. Das spanische Deutschland, in Gestalt des Kaiserhauses, erlag 1648 dem französischen in Gestalt der Einzelfürsten, deren Höfe von nun an im Stil von Versailles, nämlich partikularistisch und territorial, auf Grenzerweiterungen versessen und Universalplänen abhold dachten, handelten, lebten. Wallensteins mächtige Entwürfe des Marsches auf Konstantinopel und der Verwandlung der Ostsee in eine spanische Flottenbasis bezeichnen den Gipfel, sein Abfall und Tod die große Wendung. Das spanisch-französische Deutschland wurde bei Königgrätz besiegt. Aber noch 1914 war die Kriegserklärung Österreichs an Serbien ein diplomatischer Akt im spanischen Kabinettstil des 16. Jahrhunderts, während England mit den taktisch überlegenen diplomatischen Mitteln des 19. den Weltkrieg in dieser Form nicht erklärte, sondern erzwang.

Der englische Friede zu Fontainebleau, der preußische zu Hubertusburg, beide 1763, schließen das französische Jahrhundert ab. Mit dem Rücktritt der Romanen beginnt die Leitung der westeuropäischen Schicksale durch die germanischen Völker. Die Geburt des modernen englischen Volkes liegt im 17., die des preußischen im 18. Jahrhundert. Es ist das jüngste und letzte. Was hier an der Themse und Spree aus unverbrauchtem Menschentum gestaltet wurde, verkörpert die Züge faustischen Machtwillens und Hanges zur Unendlichkeit in der reinsten und energischsten Form. Italienisches und französisches Dasein wirken daneben klein, die Zeiten ihrer politischen Höhe sind Zwischenakte in einem großen Drama. Nur spanischer, englischer, preußischer Geist haben der europäischen Zivilisation *Universalideen* gegeben: Ultramontanismus, Kapitalismus, Sozialismus in einem bedeutsameren Sinne, als er heute mit diesen Worten verbunden ist.

Und doch – mit Frankreich ist im Abendlande auch die Kultur zu Ende. Paris hat alle Schöpfungen der gotischen Frühzeit, der italienischen Renaissance, des spanischen Barock in die letzte, reifste, süßeste Form gegossen: Rokoko. Es gibt *nur* französische Kultur. Mit England beginnt die Zivilisation. Frankreich beherrscht den Geist, die Geselligkeit, den Geschmack, England den Stil des praktischen Lebens, den Stil des Geldes.

11.

Ich möchte über den Begriff Preußentum nicht mißverstanden werden. Obwohl der Name auf die Landschaft hinweist, in der es eine mächtige Form gefunden und eine große Entwicklung begonnen hat, so gilt doch dies: Preußentum ist ein *Lebensgefühl*, ein *Instinkt*, ein *Nichtanderskönnen*; es ist ein Inbegriff von seelischen, geistigen und deshalb zuletzt doch auch leiblichen Eigenschaften, die längst Merkmale einer Rasse geworden sind, und zwar der besten und bezeichnendsten Exemplare dieser Rasse. Es ist längst nicht jeder Engländer von Geburt ein „Engländer“ im Sinne einer Rasse, nicht jeder Preuße ein „Preuße“. In diesem Worte liegt alles, was wir Deutschen nicht an vagen Ideen, Wünschen, Einfällen, sondern an schicksalhaftem Wollen, Müssen, Können besitzen. Es gibt echt preußische Naturen überall in Deutschland – ich denke da an Friedrich List, an Hegel, an manchen großen Ingenieur, Organisator, Erfinder, Gelehrten, vor allem auch an einen Typus des deutschen Arbeiters – und es gibt seit Roßbach und Leuthen unzählige Deutsche, die tief in ihrer Seele ein Stückchen Preußentum besitzen, eine stets bereite Möglichkeit, die sich in großen Augenblicken der Geschichte plötzlich meldet. Aber echt preußische *Wirklichkeiten* sind bis jetzt nur die Schöpfungen Friedrich Wilhelms I. und Friedrichs des Großen: der preußische Staat und das preußische Volk. Indessen jede überlegene Wirklichkeit ist fruchtbar. Im *heutigen* Begriff des Deutschen, im heutigen *Typus* des Deutschen ist das preußische Element verjährten Ideologien gegenüber bereits stark investiert. Die wertvollsten Deutschen wissen es gar nicht. Es ist mit seiner Summe von Tatsachensinn, Disziplin, Korpsgeist, Energie ein Versprechen der Zukunft, noch immer aber nicht nur im Volke, sondern in jedem einzelnen von jenem Wirrwarr absterbender, der abendländischen Zivilisation gegenüber nichtssagender und gefährlicher, obwohl oft sympathischer Züge bedroht, für die das Wort „Deutscher Michel" längst bezeichnend geworden ist.

Denn der „Deutsche" in diesem idealischen Sinne von Professoren und Schwärmern ist eine Unform, durch die gemeinsame Sprache notdürftig als Einheit festgestellt. Er ist unpolitisch und unpraktisch, keine „Rasse" im Sinne einheitlich auf das Wirkliche gerichteter Instinkte. Ein Rest erstarrter innerer Gotik ist da noch übrig mit dem Rankenwerk und Wirrsal einer ewig-kindlichen Seele. Die deutsche Romantik und ihre verträumte Politik von 1848 haben sie wieder zum Vorschein gebracht. Ein gotischer Rest ist aber auch, mit englischen Fetzen und Begriffen verbrämt, jenes triviale Kosmopolitentum und Schwärmen für Völkerfreundschaften und Menschheitsziele, das in ernsten Fällen bis zum Verrat aus Einfalt oder Ideologie sich steigernd das singt oder schreibt oder redet, was das spanische Schwert und das englische Geld taten. Das sind die ewigen Provinzler, die einfältigen Helden deutscher Ichromane mit innerer Entwicklung und erstaunlichem Mangel an Fähigkeiten der Welt gegenüber, die Biedermänner aller Vereine, Biertische und Parlamente, die diesen Mangel an eignen Fähigkeiten für den Fehler der staatlichen Einrichtungen halten, mit denen sie nicht fertig werden können. Schläfriger Hang zu englischem Liberalismus mit seiner Feindseligkeit gegen den Staat, die man gern nachfühlt, während man über die straffe Initiative des englischen Privatmannes auch im Politischen hinwegsieht, spießbürgerlicher Hang zu italienisch-französischer Kleinstaaterei, der längst um französisch frisierte Höfe herum ein partikularistisches Bürgertum hat wachsen lassen, das nicht über den Grenznachbarn hinausdenkt und Ordnung als kulturfeindlich empfindet, ohne daß man den *Geist* dieser Kultur sich einzuimpfen vermöchte, Eifer für spanisch-kirchliche Autorität, die sich in Konfessionsgezänk verläuft – alles das unpraktisch, subaltern, dumm aber ehrlich, formlos ohne Hoffnung auf künftige Formen, verjährt, auch seelisch unfruchtbar, ertötend, verkleinernd, herabziehend, der innere Feind jedes Deutschen für sich und aller Deutschen als Nation – das ist das Micheltum, das neben den Typen der fünf schöpferischen Völker als der einzige Typus einer Verneinung steht, Zeugnis für eine Art gotischen Menschentums, aus der die reifende Kultur jenseits von Renaissance und Reformation keine Rasse im neuen Sinne entwickelt hat.

12.

Die *organisierte* Besiedlung der slavischen Ostmark erfolgte durch Deutsche aller Stämme. Beherrscht aber wurde sie durch Niedersachsen und so ist der Kern des preußischen Volkes am nächsten dem englischen verwandt. Es sind dieselben Sachsen, Friesen, Angeln, die in freien Wikingerscharen, oft unter normannischem und dänischem Namen, die keltischen Briten unterwarfen. Was längs der Themse und in jener Sandwüste um Havel und Spree, die an Öde, Großheit und Schwere des Schicksals nur in Latium, der römischen Campagna, ihresgleichen findet, in jener frühen Zeit aufwuchs, läßt die Urahnen seines Wollens heute noch in den starren Gestalten Widukinds, des Markgrafen Gero und Heinrichs des Löwen erkennen.

Aber es waren zwei sittliche Imperative gegensätzlichster Art, die sich aus dem Wikingergeist und dem Ordensgeist der Deutschritter langsam entwickelten. Die einen trugen die germanische Idee *in* sich, die andern fühlten sie *über* sich: *persönliche Unabhängigkeit und überpersönliche Gemeinschaft*. Heute nennt man sie Individualismus und Sozialismus. Es sind Tugenden ersten Ranges, die hinter diesen Worten stehen: Selbstverantwortung, Selbstbestimmung, Entschlossenheit, Initiative dort, Treue, Disziplin, selbstlose Entsagung, Selbstzucht hier. Frei sein – und dienen: es gibt nichts Schwereres als dieses beide, und Völker, deren Geist, deren Sein auf solche Fähigkeiten gestellt ist, die *wirklich* frei sein oder dienen können, dürfen sich wohl an ein großes Schicksal wagen. Dienen – das ist altpreußischer Stil, dem altspanischen verwandt, der *auch* ein Volk im ritterlichen Kampfe gegen die Heiden geschmiedet hatte. Kein „Ich", sondern ein „Wir", ein Gemeingefühl, in dem jeder mit seinem gesamten Dasein aufgeht. Auf den einzelnen kommt es nicht an, er hat sich dem Ganzen zu opfern. Hier steht nicht jeder für sich, sondern alle für alle mit jener *inneren* Freiheit in einem großen Sinne, der *libertas oboedientiae,* der Freiheit im Gehorsam, welche die besten Exemplare preußischer Zucht immer ausgezeichnet hat. Die preußische Armee, das preußische Beamtentum, die Arbeiterschaft Bebels – das sind Produkte jenes züchtenden Gedankens. Der andre aber hat noch spät einmal alles, was Wikingerblut im Leibe hatte, in die amerikanischen Prärien hinausgetrieben, Engländer, Deutsche, Skandinavier, eine späte Fortsetzung jener Grönlandfahrten zur Eddazeit, welche um 900 schon die kanadische Küste berührt hatten, eine ungeheure Wanderung von Germanen mit der vollen Sehnsucht nach Ferne und grenzenloser Weite, abenteuernde Scharen, aus denen *noch* ein Volk sächsischen Schlages entstand, aber getrennt vom Mutterboden der faustischen Kultur und deshalb ohne die „innern Basalte" nach dem Ausdruck Goethes, mit Zügen der alten Tüchtigkeit und des alten edlen Blutes, aber ohne Wurzeln und deshalb ohne Zukunft.

So entstehen der englische und der preußische Typus. Es ist der Unterschied zwischen einem Volk, dessen Seele sich aus dem Bewußtsein eines *Inseldaseins* herausgebildet hat, und einem andern, das eine Mark hütete, die ohne natürliche Grenzen auf allen Seiten dem Feinde preisgegeben war. In England *ersetzte die Insel den organisierten Staat*. Ein Land ohne Staat war nur unter dieser Bedingung möglich; sie ist die Voraussetzung der modernen englischen Seele, die im 17. Jahrhundert zum Selbstbewußtsein erwachte, als der Engländer auf der britischen Insel unbestritten Herr wurde. In diesem Sinne ist die Landschaft *schöpferisch:* das englische Volk bildete sich selbst, das preußische wurde im 18. Jahrhundert durch die Hohenzollern herangebildet, die, aus dem Süden stammend, selbst den Geist der märkischen Landschaft empfangen hatten, selbst Diener der Ordensidee des Staates geworden waren.

Maximum und Minimum des überpersönlichen sozialistischen Staatsgedankens, *Staat und Nichtstaat,* das sind England und Preußen als politische Wirklichkeiten. Denn der englische „Staat“ liberalen Stils ist der, welcher gar nicht bemerkt wird, der das Einzeldasein überhaupt nicht in Anspruch nimmt, ihm keinen Gehalt verleiht, ihm nur als Mittel dient. Keine Schulpflicht, keine Wehrpflicht, keine Versicherungspflicht, so ging England durch das Jahrhundert zwischen Waterloo und dem Weltkrieg, um jedes dieser negativen Rechte zu verlieren. Diese Staatsfeindschaft fand ihren Ausdruck in dem Worte *society*, das *state* im idealen Sinne verdrängt. Als *société* geht es in die französische Aufklärung ein; Montesquieu fand: *Des sociétés de vingt à trente millions d'hommes – ce sont des monstres dans la nature.* Das war ein französisch-anarchischer Gedanke in englischer Fassung. Es ist bekannt, wie Rousseau seinen Haß gegen befehlende Ordnungen hinter dies Wort versteckte, und Marx mit seiner ebenso englisch orientierten Begriffswelt tat es ihm nach. Die deutsche Aufklärung sagte „Gesellschaft“ im Sinne von *human society*, was vor Goethe, Schiller, Herder nicht geschah. Lessing sprach noch vom Menschengeschlecht. Es wurde dann ein Lieblingswort des deutschen Liberalismus, mit dem man den Großes fordernden „Staat“ aus seinem Denken streichen konnte.

Aber England setzte an Stelle des Staats den Begriff des freien *Privatmannes*, der, staatsfremd und ordnungsfeindlich, den rücksichtslosen Kampf ums Dasein verlangt, weil er nur in ihm seine besten, seine alten Wikingerinstinkte zur Geltung bringen kann. Wenn Buckle, Malthus, Darwin später im Kampf ums Dasein die Grundform der *society* sahen, so hatten sie für ihr Land und Volk vollkommen recht. Aber England hatte diese Form in ihrer hohen Vollendung, deren Keime man in den isländischen Sagas findet, nicht vorgefunden, sondern geschaffen. Schon die Schar Wilhelms des Eroberers, der 1066 England nahm, war eine *society* von ritterlichen Abenteurern; die englischen Handelskompanien waren es, die ganze Länder eroberten und ausbeuteten, zuletzt noch seit 1890 das innere Südafrika; endlich wurde es die ganze Nation, die allen Wirklichkeiten, dem Eigentum, der Arbeit, den fremden Völkern, den schwächeren Exemplaren und Klassen des eignen Volkes gegenüber den altnordischen Räuber- oder Händlerinstinkt entfaltete, der zuletzt auch die englische Politik zu einer meisterhaften, äußerst wirksamen Waffe im Kampf um den Planeten gestaltete. Der Privatmann ist der ergänzende Begriff zu *society*; er bezeichnet eine Summe von ethischen, sehr positiven Eigenschaften, die man, wie alles ethisch Wertvollste, nicht lernt, sondern im Blute trägt und in Ketten von Geschlechtern langsam zur Vollkommenheit ausbildet. Schließlich ist die englische Politik eine Politik von Privatleuten und Gruppen von solchen. *Das und nichts andres bedeutet parlamentarische Regierung.* Cecil Rhodes war ein Privatmann, der Länder eroberte; die amerikanischen Milliardäre sind Privatleute, die Länder durch eine untergeordnete Klasse von Berufspolitikern beherrschen. Der deutsche Liberalismus in seiner sittlichen Wertlosigkeit aber sagt lediglich zum Staate Nein, ohne die Fähigkeit, das durch ein ebenso großgedachtes und energisches Ja zu rechtfertigen.

Von innerm Range kann in Deutschland nur der Sozialismus in irgendeiner Fassung sein. Der Liberalismus ist eine Sache für Tröpfe. Er beschwatzt, was er nicht besitzt. Wir sind einmal so; wir können nicht Engländer, nur Karikaturen von Engländern sein – und das sind wir hinreichend oft gewesen. Jeder für sich: das ist englisch; alle für alle: das ist preußisch. Liberalismus aber heißt: Der Staat für sich, jeder für sich. Das ist eine Formel, nach der sich *nicht* leben läßt, sofern man nicht in liberaler Weise das eine sagt und das andre zwar nicht will und tut, aber schließlich geschehen läßt.

Es gibt in Deutschland verhaßte und verrufene Grundsätze, verächtlich aber ist auf deutschem Boden allein der Liberalismus, der stets die Unfruchtbarkeit repräsentierte, das Nichtverstehen dessen, was gerade notwendig war und was man nach zwanzig Jahren, wenn man es nicht hatte verderben können, in den Himmel hob, die Unfähigkeit, mitzuarbeiten oder zu entsagen, die gänzlich negative Kritik als Ausdruck nicht eines *mächtigen Anderswollens* – wie sie die Sozialisten der Bebelzeit übten –, sondern lediglich eines Nichtmögens. Nicht lebenstüchtig, sondern nur gesinnungstüchtig, ohne innere Zucht, ohne Tiefe des lebendigen Seins, ohne eine Ahnung von der straffen Aktivität und Zielsicherheit des englischen Liberalismus, war er immer nur der Stein auf unsrem Wege.

Seit Napoleon hat er sich die Köpfe der Gebildeten Deutschlands erobert; der gebildete Spießbürger, der Bildungsphilister, der unpraktische Gelehrte, dem abstraktes Wissen die Welt verbaut hat, waren immer seine dankbarsten Verteidiger. Mommsen, der sein ungeheures Gebiet mit preußischer Energie beherrschte, der die preußischen Züge im Römertum verstand und bewunderte, hat es im Parlament Bismarck gegenüber doch nur zu verständnisloser Opposition gebracht. Mit ihm vergleiche man den englischen Bearbeiter der History of Greece, Grote, einen Kaufmann und Liberalen. Unsre Schriftsteller und Professoren haben mit der Fruchtbarkeit von Feldmäusen Deutschland mit Büchern und Systemen bevölkert, in denen die englischen Schlagworte des freien Staates, des freien Bürgers, der freien Persönlichkeit, des souveränen Volkes, der allgemeinen, freien und beständig fortschreitenden Menschlichkeit aus der Wirklichkeit englischer Kontore in die deutschen Wolken erhoben wurden. Man muß Bismarck, den Bruno Bauer schon 1880 als sozialistischen Imperialisten bezeichnet hatte, über diese Gebildeten hören, welche die Welt mit ihrer Lektüre verwechselten. Aber auch Bebel verriet seinen stets sicheren Instinkt, als er einmal gegen die Akademiker in seiner Partei lospolterte. Er fühlte den antipreußischen Instinkt des deutschen Gebildeten heraus, der in seinem Staate heimlich an der Disziplin fraß – und er hat recht behalten: nach seinem Tode hat der „gebildete" Sozialist die Kraft der Partei gebrochen, sich mit dem gebildeten liberalen Bürgertum verbündet und mit ihm im Hoftheater zu Weimar die ideologische Szene der Paulskirche noch einmal aufgeführt, wo man nach Professorenweise gelehrte Gespräche über das Problem der Verfassung führte, während

Engländer mit oder ohne ein Stück beschriebenen Papiers zu handeln gewußt hätten.

13.

Als Ergebnis dieser Ethik hat der Engländer, abgeschlossen auf seiner Insel, eine Einheit der äußern und innern Haltung erlangt wie kein andres modernes Volk Westeuropas: es entstand die vornehme Gesellschaft, *ladies and gentlemen*, verbunden durch ein starkes Gemeingefühl, ein durchaus gleichartiges Denken, Fühlen, Sichverhalten. Seit 1750 ist diese prachtvolle gesellschaftliche Haltung für die moderne Zivilisation tonangebend geworden, zuerst in Frankreich. Man denke an den Empirestil, der in London als Hintergrund dieser Lebensart die gesamte Umgebung einem vornehm gepflegten, vom Rokoko her praktisch gezügelten und gemessenen Geschmack unterwarf, vor allem an die Meister des zivilisierten Porträts, Gainsborough und Reynolds. Es war *ein Gemeingefühl des Erfolges, des Glücks, nicht der Aufgabe* wie das preußische. Es waren Olympier des Geschäfts, heimgekehrte Wikinger beim Mahle, nicht Ritter im Felde: Reichtum war neben altem Adel die Bedingung der Zugehörigkeit und der Stellung innerhalb dieser, Kennzeichen, Ziel, Ideal und Tugend. Nur England besitzt heute, was man gesellschaftliche Kultur nennen könnte – eine andre, philosophischere hat es allerdings nicht – eine *tiefe* Oberflächlichkeit; das Volk der Denker und Dichter hat so oft nur eine oberflächliche Tiefe.

Eine deutsche, eine preußische Gesellschaft dieser Art gibt es nicht und kann es nicht geben. Eine Gesellschaft von „Ichs" *ohne* das Pathos eines starken, Gleichförmigkeit schaffenden Lebensgefühls ist immer etwas lächerlich. Der deutsche Individualist und Liberale hat für den Klub den Verein und für die Abendgesellschaft das Festessen erfunden. Dort entwickelt er das Gemeingefühl der Gebildeten.

Statt dessen hat der preußische Stil das ebenso starke und tiefe *Standesbewußtsein* gezüchtet, ein Gemeingefühl *nicht des Ruhens, sondern, der Arbeit,* die Klasse als Berufsgemeinschaft und zwar des Berufs mit dem Bewußtsein, für alle, für das Ganze, für den Staat wirksam zu sein: den Offizier, den Beamten, nicht zuletzt die Schöpfung Bebels, den klassenbewußten Arbeiter. Wir haben eine Symbolik in Worten dafür: oben heißt es Kamerad, in der Mitte Kollege, unten in genau demselben Sinn Genosse. Es liegt eine hohe Ethik darin nicht des Erfolges, sondern der Aufgabe. Die Zugehörigkeit gibt nicht der Reichtum, sondern der Rang. Der Hauptmann steht über dem Leutnant, mag der auch Prinz oder Millionär sein. Das französische *bourgeois* der Revolution sollte die Gleichheit unterstreichen, was weder dem englischen noch dem deutschen Sinn für Distanzen entspricht. Wir Germanen unterscheiden uns nur durch die Herkunft dieser Distanzen, das Distanzgefühl selbst ist uns gemeinsam. Das Schimpfwort *bourgeois* im Munde des deutschen Arbeiters bezeichnet den, der seiner Meinung nach keine echte Berufsarbeit, der einen sozialen *Rang ohne Arbeit* hat – es ist das englische Ideal aus der Perspektive des deutschen gesehen. – Dem englischen Snobismus entspricht die deutsche Titelsucht.

Dies Gemeingefühl von Jahrhunderten hat in beiden Fällen eine großartige Einheit der Haltung von Körper und Geist, eine Rasse hier von Erfolgreichen und dort von Arbeitenden herausgebildet. Als äußerer und doch nicht nebensächlicher Ausdruck ist die englische Herrentracht entstanden – Zivilkleidung im eigentlichsten Sinne, *die Uniform des Privatmannes* – die ohne Einwand den Bereich der westeuropäischen Zivilisation beherrscht, in der England der Welt seine Uniform, den Ausdruck der Freihandelslehre, der Ethik des Habens, des *cant* angelegt hat. Das Gegenstück ist die preußische Uniform, Ausdruck nicht des privaten Daseins, sondern des öffentlichen Dienstes, nicht des Erfolges der Lebenstätigkeit, sondern der Tätigkeit selbst. „Ich bin der erste Diener meines Staates“ sagte der preußische König, dessen Vater das Tragen der Uniform unter Fürsten üblich gemacht hat. Hat man wohl verstanden, was alles in der Bezeichnung „des Königs Rock“ liegt? Die englische Gesellschaftskleidung ist ein Zwang, strenger noch als der preußische Uniformzwang. Wer zur Gesellschaft gehört, wird dieser Tracht seines Standes gegenüber nie „in Zivil“, das heißt unter Verletzung von Sitte und Mode unvorschriftsmäßig gekleidet gehen. Aus der englischen Tracht des *gentleman* aber, in der sich nur ein Engländer vollkommen zu bewegen weiß, wird der „Bratenrock“ des deutschen Provinzlers und Biedermannes, unter dem das Herz für Freiheit und Menschenwürde unentwegt schlägt; der Bratenrock als Symbol der Ideale von 1848, den die liberal gewordenen Sozialisten heute mit Stolz einhertragen.

Zur preußischen Art gehört es, daß der Einzelwille im Gesamtwillen aufgeht. Das Offizierkorps, das Beamtentum, die Arbeiterschaft Bebels endlich „das“ Volk von 1813, 1870, 1914 fühlen, wollen, handeln als überpersönliche Einheit. Das ist *nicht* Herdengefühl; es ist etwas unendlich Starkes und Freies darin, das kein nicht Zugehöriger versteht. Das Preußentum ist exklusiv. Es weist selbst in seiner proletarischen Fassung die Arbeiter andrer Länder samt ihrem egoistischen Scheinsozialismus ab. Bedientenseele, Untertanenverstand, Kastengeist – das sind Worte für etwas, das man nur in seiner Ausartung versteht und dann verachtet. Das echte Preußentum verachtet niemand; man fürchtet es.

Nie wird ein Engländer begreifen – die ganze Welt begreift es nicht –, daß mit dem preußischen Stil eine tiefe innere Unabhängigkeit verbunden ist. Ein System sozialer Pflichten verbürgt dem großdenkenden Menschen eine Souveränität der inneren Welt, die mit einem System sozialer Rechte, und das *ist* das individualistische Ideal, unvereinbar ist. Eine Gemütsverfassung wie die Moltkes ist in England nicht denkbar. Die englische *praktische* Freiheit bezahlt sich mit der andern: der Engländer ist innerlich Sklave, als Puritaner, als Rationalist und Sensualist, als Materialist. Er ist seit zweihundert Jahren der Schöpfer aller Lehren, die mit der innern Unabhängigkeit aufräumen, zuletzt des Darwinismus, der den gesamten seelischen Zustand von der Einwirkung materieller Faktoren kausal abhängig macht und der in der ganz besonders platten Fassung Büchners und Haeckels die Weltanschauung des deutschen Spießbürgers geworden ist. Der Engländer gehört auch geistig zur “*society*“. Seine Zivilkleidung drückt auch eine Uniformierung der *Gewissen* aus. Es gibt für ihn ein privates Handeln, aber kein privates Denken. Eine gleichförmige theologisch gefärbte Weltanschauung von geringem Gehalt verteilt sich über alle. Sie gehört zum guten Ton wie Gehrock und Handschuh. Wenn irgendwo, so ist der Ausdruck Herdengefühl hier am Platze.

14.

Die deutsche Reformation hat keine innerlichen Folgen gehabt. Das Luthertum war ein Ende, kein Anfang. Das gotische Deutschtum lag im Sterben und reckte sich hier zum letzten Mal in einer großen Tat von ganz persönlichem Gehalt auf. Luther ist nur aus der Renaissancestimmung zu erklären, welche damals die *sichtbare* Kirche durchdrang: daß ihr öffentlicher Geist der des mediceischen Hofes, daß Päpste und Kardinäle Kondottieri, ihre Verwaltung eine systematische Plünderung der Gläubigen, daß der Glaube selbst ein Formproblem, das Verhältnis von Sünde und Buße eine Frage des Geschmacks wie etwa die nach dem Verhältnis von Säule und Architrav geworden war, dagegen empörte sich die mächtige gotische Innerlichkeit des Nordens. Die Kirche ohne dieses Papsttum, gotischer Glaube ohne die geistreiche Betonung der bloßen Form – es war nur eine treuherzig-bauernmäßige Revolte, die das innerste Wesen kirchlicher Gebundenheit gar nicht in Frage stellte; sie trug den Geist der Verneinung an der Stirn, deren fruchtbare Leidenschaft nicht lange dauern konnte. Schöpferisch und bejahend wurde erst der blühende Geist des Barock, in dem auch der Katholizismus einen Höhepunkt von Lebenskraft und Lebenslust erreichte, als der spanische Mensch die Gegenreformation und den streitbaren Jesuitismus schuf. Im 17. Jahrhundert setzen dann die neuen Völker des Nordens zur Bildung einer eignen Religiosität aus den unerschöpflichen Möglichkeiten des Christentums an. Gemeinsam ist ihnen die strenge Tatgesinnung, sehr im Gegensatz zu der müßigen Kultur von Florenz und der unfruchtbaren selbstquälerischen Dialektik der französischen Jansenisten und Pascals. Es entstanden der revolutionäre Independentismus in England und unter seinem Eindruck in Schwaben und Preußen jener Pietismus, dessen stille Wirkung gerade in dem aufsteigenden preußischen Menschen gewaltig war. Nach außen dienend, gehorsam, entsagend, in der Seele von den Einschränkungen des Weltlebens frei, von jener zarten, tiefen Fülle des

Gefühls und echten Herzenseinfalt, wie wir sie an der Königin Luise, Wilhelm I., Bismarck, Moltke, Hindenburg, dem Typus des altpreußischen Offiziers überhaupt kennen, so besaß der einzelne eine fast dogmenlose, vor andern schamhaft verhüllte Frömmigkeit, die sich nach außen im pflichtgemäßen *Tun*, nicht im Bekennen bewähren mußte.

Der englische Independent aber ist nach *außen* frei, normannenhaft frei. Er prägte sich eine reine Laienreligion mit der Bibel als Grundlage, zu deren souveräner Deutung sich jeder einzelne das Recht nahm. Was er tat, war also stets das sittlich Richtige. Ein Zweifel daran liegt dem Engländer vollkommen fern. Der Erfolg war der Ausdruck göttlicher Gnade. Die Verantwortung für die Moralität der Handlungen stand Gott zu, während der Pietist sie sich selbst anrechnete. Dergleichen Überzeugungen zu ändern steht in keines Menschen Macht. Was man wollen *muß*, findet man überall bestätigt. Führt dieses Wollenmüssen zum Untergang, so ist das unabänderliches Schicksal.

Es ist bewunderungswürdig, mit welcher Sicherheit der englische Instinkt aus der französisch-förmlichen, ganz doktrinären und kahlen Lehre Kalvins sein eignes religiöses Bewußtsein formte. Das Volk als Gemeinschaft der Heiligen, das englische insbesondere als das auserwählte Volk, jede Tat schon dadurch gerechtfertigt, daß man sie überhaupt tun konnte, jede Schuld, jede Brutalität, selbst das Verbrechen auf dem Wege zum Erfolg ein von Gott verhängtes und von ihm zu verantwortendes Schicksal – so nahm sich die Prädestinationslehre im Geiste Cromwells und seiner Soldaten aus. Mit dieser unbedingten Selbstsicherheit und Gewissenlosigkeit des Handelns ist das englische Volk emporgestiegen.

Demgegenüber haftet dem Pietismus, der sich eher in einer deutschsprechenden Bevölkerung ausbreitete als Ausdruck einer deutschen Rasse war, etwas Unpraktisches und Provinziales an. In kleinen Zirkeln herrschte ein inniger Geist der Gemeinsamkeit; das ganze Leben war ein *Dienst*; dieses karge Stückchen Erdendasein inmitten von Jammer und Mühe hat seinen Sinn nur im Banne einer größern Aufgabe.

Aber diese Aufgabe mußte gestellt werden und hier liegt das Gewaltige im kaum bewußten Wirken der großen Hohenzollern, den Erben der ostmärkischen Ritteridee; unter allen Flecken eines hartstirnigen adligen und städtischen Egoismus und hinter allen königlichen Schwächen leuchtet der Gedanke des Altpreußentums auf, der einzige große Gedanke, der seitdem auf deutschem Boden gewachsen ist und der in den besten Deutschen, auch wenn sie ihm von Herzen feind waren, doch irgendeine Gegend der Seele erobert hat. Während der schwäbische Pietismus sich in Bürgerlichkeit und Sentimentalität verlor oder seine besten Köpfe – wie Hegel – an den Norden abgab, wuchs hier ein neuer Mensch als starkgeistiger Träger dieser Religiosität empor. Eine tiefe Verachtung des bloßen Reichseins, des Luxus, der Bequemlichkeit, des Genusses, des „Glücks" durchzieht das Preußentum dieser Jahrhunderte, ein Kern des Militär- und Beamtengeistes. All diese Dinge sind dem Imperativ der ritterlichen Pflicht gegenüber ohne Würde. Dem Engländer aber sind sie Geschenke Gottes; *"comfort"* ist ein ehrfürchtig hingenommener Beweis der himmlischen Gnade. Tiefere Gegensätze sind kaum denkbar. Arbeit gilt dem frommen Independenten als Folge des Sündenfalls, dem Preußen als Gebot Gottes. *Geschäft und Beruf* als die zwei Auffassungen der Arbeit stehen sich hier unvereinbar gegenüber. Man denke sich tief in Sinn und Klang dieser Worte hinein: Beruf, von Gott berufen sein – die Arbeit *selbst* ist da das sittlich Wertvolle. Dem Engländer und Amerikaner ist es der *Zweck* der Arbeit: der Erfolg, das Geld, der Reichtum. Die Arbeit ist nur der Weg, den man so bequem und sicher als möglich wählen darf. Es ist klar, daß ein Kampf um den Erfolg unvermeidlich ist, aber das puritanische Gewissen rechtfertigt jedes Mittel. Wer im Wege steht, wird beseitigt, einzelne, ganze Klassen und Völker. Gott hat es so gewollt. Man begreift, wie solche Ideen, wenn sie Leben, Blut geworden sind, ein Volk zu den höchsten Leistungen emporsteigern können. Um die angeborne menschliche Trägheit zu überwinden, sagt die preußische, die sozialistische Ethik: es handelt sich im Leben nicht um das Glück. Tu deine Pflicht, indem du arbeitest. Die englische, kapitalistische Ethik sagt: werde reich, dann brauchst du nicht mehr zu arbeiten. Ohne Zweifel liegt in dem letzten Spruch etwas

Verführerisches. Er reizt, er wendet sich an sehr volkstümliche Instinkte. Er ist von den Arbeitermassen unternehmungslustiger Völker recht gern verstanden worden. Noch im 19. Jahrhundert hat er den Typus des Yankee mit seinem unwiderstehlichen praktischen Optimismus hervorgebracht. Der andre schreckt ab. Er ist für die wenigen, die ihn dem Gemeinwesen einimpfen und durch dies der Menge aufzwingen mögen. Der eine ist für ein Land ohne Staat, für Egoisten und Wikingernaturen mit dem Bedürfnis ständiger persönlicher Kampfbereitschaft, wie sie sich auch im englischen Sport ausspricht; er enthält das Prinzip der äußern Selbstbestimmung, das Recht, auf Kosten aller andren glücklich zu werden, sobald man die Kraft dazu hat, den wirtschaftlichen Darwinismus. Der andre ist gleichwohl die *Idee* des Sozialismus in seiner tiefsten Bedeutung: Wille zur Macht, Kampf um das Glück nicht des einzelnen, sondern des Ganzen. *Friedrich Wilhelm I. und nicht Marx ist in diesem Sinne der erste bewußte Sozialist gewesen*. Von ihm geht als von einer vorbildlichen Persönlichkeit diese Weltbewegung aus. Kant hat sie mit seinem kategorischen Imperativ in eine Formel gebracht.

Daher also sind am Ausgang der Kultur Westeuropas zwei große philosophische Schulen entstanden, die englische des Egoismus und Sensualismus um 1700, die preußische des Idealismus um 1800. Sie sprechen aus, was diese Völker sind, als ethische, als religiöse, politische, wirtschaftliche Einheiten.

An sich ist eine Philosophie nichts, ein Haufen Worte, eine Reihe von Büchern. Sie ist auch weder wahr noch falsch – an sich. Sie ist die Sprache des Lebens in einem großen Kopfe. Für den Engländer ist Hobbes wahr, wenn er das *"selfish system"* des Egoismus und die optimistische Whigphilosophie des gemeinen Nutzens – „das größte Glück der größten Zahl" – aufstellt, und andrerseits der vornehme Shaftesbury mit seiner Zeichnung des gentleman, des Tory der sich geschmackvoll auslebenden souveränen Persönlichkeit. Aber ebenso wahr ist für uns Kant mit seiner Verachtung des „Glückes" und Nutzens und seinem kategorischen Imperativ der Pflicht und Hegel mit seinem mächtigen Wirklichkeitssinn, der die harten Schicksale der *Staaten* und nicht das Wohlergehen „der menschlichen Gesellschaft“ in die Mitte seines historischen Denkens stellt. Mandeville erklärt in seiner Bienenfabel, daß der Egoismus des einzelnen, und Fichte, daß die Pflicht zur Arbeit das Triebrad des Staates sei. Ist die Unabhängigkeit durch den Reichtum oder vom Reichtum das letzte Ziel? Soll man dem kategorischen Imperativ Kants: Handle so, als ob die Maxime deines Handelns ein allgemeines Gesetz werden sollte, den Benthams vorziehen: Handle so, daß du – Erfolg hast.

Es sind wieder der Wikinger und der Ordensritter, die im Unterschiede englischer und preußischer Moral weiterleben. Was aus beiden Welten des Gefühls an Systemen hervorgewachsen ist, die Familien der Philosophen beider Völker, unterscheidet sich immer in dieser einen Weise. Der Engländer ist Utilitarist; er ist sogar der einzige Westeuropas; es steht ihm nicht frei, anders zu sein, und wenn er vor sich selbst diesen stärksten Antrieb seines Wesens zu verleugnen sucht, so entsteht das, was seit langer Zeit als *cant* berühmt geworden ist und dessen hohe Schule man in den Briefen Lord Chesterfields findet. Die Engländer sind ein Volk von Theologen, eine Folge davon, daß ihre große Revolution sich in vorwiegend religiösen Formen vollzog und daß nach Beseitigung des Staates das Gemeingefühl keine andre als die religiöse Sprache zurückbehielt. Und die Theologie legte es nahe, schon mit Rücksicht auf den Erfolg im persönlichen Daseinskampfe und aus dem sehr richtigen Gefühl, daß ein durch die biblische Auslegung oft recht zweideutiger Handlungen beruhigtes Gewissen eine starke Vermehrung von Tatkraft und Zielsicherheit bedeutet, das eigentliche Ziel, nämlich den Reichtum, nicht unmittelbar bei Namen zu nennen. Wenn es innerhalb der preußischen Atmosphäre einen ähnlichen Kampf gibt, so gilt er der Stellung, dem *Range*; in vielen Fällen mag man es als Strebertum bezeichnen, der Idee nach liegt darin der Wille, eine höhere Verantwortlichkeit im Organismus des Ganzen auf sich zu nehmen, weil man sich ihr gewachsen fühlt.

15.

Unter allen Völkern Westeuropas zeichnen sich allein diese beiden durch eine straffe soziale Gliederung aus. Das ist der Ausdruck ihres Bedürfnisses nach höchster Aktivität, die jeden einzelnen Menschen an dem Platze sehen will, wo man ihn braucht. Eine solche Ordnung, der eine ganz unbewußte und unwillkürliche Ökonomie der Kräfte zugrunde liegt, ist durch eine noch so geniale Persönlichkeit oder den noch so starken Willen, fremde Formen nachzuahmen, nicht zu erreichen; sie ist einem Volke und diesem allein natürlich und selbstverständlich und von keinem andern wirklich nachzuahmen. Das ganze sittliche Grundgefühl tritt hier in Erscheinung; Jahrhunderte sind nötig, um den Sinn für Distanzen von einer bestimmten Art in dieser Klarheit auszubilden und zugleich zu verwirklichen. Wikingergeist und Ordensgeist treten wieder hervor: das Ethos des Erfolges und das der Pflicht. *Das englische Volk ist nach dem Unterschiede von reich und arm, das preußische nach dem von Befehl und Gehorsam aufgebaut*. Die Bedeutung des Klassenunterschiedes ist demnach in beiden Ländern eine ganz verschiedene. Die Unterklasse findet sich in der Gesellschaft unabhängiger Privatleute im Gemeingefühl derer zusammen, die nichts *haben*, im Staate als die Schicht derer, die nichts zu *sagen haben. Demokratie bedeutet in England die Möglichkeit für jedermann, reich zu werden, in Preußen die Möglichkeit, jeden vorhandenen Rang zu erreichen: damit wird der einzelne in die ein für allemal gegebene Schichtung durch seine Fähigkeiten und nicht durch eine Tradition eingereiht*. Frankreich (und also auch Florenz) hat niemals eine natürliche und dem nationalen Instinkt notwendige Klassenbildung dieser Art gekannt, auch nicht vor 1789. Die soziale Anarchie war die Regel: es gab willkürliche Gruppen von Bevorrechteten jeder Art und jedes Umfangs ohne irgendein sozial feststehendes Verhältnis untereinander. Man denke an den Gerichtsadel neben dem Hofadel, an den Typus des Abbé, an die Generalpächter, an die Unterschiede im städtischen Großbürgertum. Der echt französische Sinn für Gleichheit prägt sich in dieser Unfähigkeit zu abgestufter Ordnung von Urzeiten her deutlich aus. In England ist der Adel allmählich zum Adel auch aus Reichtum, in Preußen zum Militäradel geworden. Der französische Adel hat eine solche Einheit der sozialen Bedeutung nie erlangt. Die englische Revolution richtete sich gegen den Staat, also gegen die „preußische" Ordnung in Kirche und öffentlichem Dasein, die deutsche Revolution gegen die „englische" Ordnung nach reich und arm, die im 19. Jahrhundert mit Industrie und Handel eingedrungen und Mittelpunkt der antipreußischen, antisozialistischen Tendenzen geworden war. Die französische allein richtete sich nicht gegen eine fremde und darum unsittliche, sondern gegen eine Ordnung überhaupt: das ist Demokratie im französischen Sinne.

Hier endlich tritt der tiefethische Sinn der Schlagworte Kapitalismus und Sozialismus zutage. Es sind die menschlichen Ordnungen, die sich auf dem *Reichtum* und auf der *Autorität* aufbauen, die, welche durch den ungehemmten Kampf um Erfolge, und die, welche durch Gesetzgebung erzielt wird. Daß der echte Engländer sich Befehle von jemand erteilen lassen sollte, der nichts hat, ist ihm ebenso unerträglich wie dem echten Preußen die Verbeugung vor dem bloßen Reichtum. Aber selbst der klassenbewußte Arbeiter der ehemaligen Bebelpartei gehorchte dem Parteihaupte aus derselben Sicherheit des Instinkts wie ein englischer Arbeiter einen Millionär als glücklicheres und von Gott sichtbar ausgezeichnetes Wesen respektiert. So tief im Seelischen wurzelnde Unterschiede vermag der proletarische Klassenkampf gar nicht anzutasten. Die ganze englische Arbeiterbewegung ist auf den Unterschied von wohlhabend und bettelhaft innerhalb der Arbeiterschaft selbst aufgebaut. An die eiserne Disziplin einer Millionenpartei in preußischem Stil würde hier gar nicht zu denken sein.

„Ungleiche Verteilung des Reichtums" ist die echt englische Proletarierformel, die Shaw immer im Munde führt; so sinnlos sie uns klingt, so wahr ist sie für ein Lebensideal, das dem zivilisierten Wikinger allein lebenswert ist. Man sollte also, auch mit Rücksicht auf die großartige Ausbildung dieses Ideals im Typus des Yankee, von *Milliardärsozialismus und Beamtensozialismus* reden. Zum ersten gehört ein Mann wie Carnegie, der zuerst einen großen Teil des gesamten Volksvermögens in Privatvermögen verwandelt und ihn dann in glänzender Weise ganz souverän für öffentliche Zwecke ausgibt. Sein Ausspruch „Wer reich stirbt, stirbt ehrlos" enthält eine hohe Auffassung des Willens zur Macht über die Gesamtheit. Aber man verkenne ja nicht die tiefe Beziehung dieses *Privatsozialismus*, der in den äußersten Fällen nichts ist als die diktatorische Verwaltung von Volkseigentum, zum Sozialismus des Beamten und Organisators (der sehr arm sein kann), wie er in Bismarck und Bebel gleichmäßig zur Erscheinung kommt.

Shaw ist heute der Gipfel des „kapitalistischen" Sozialismus, für den reich und arm nach wie vor gestaltende Gegensätze des wirtschaftlichen Organismus sind. „Armut ist das größte der Übel und das schlimmste der Verbrechen" (Major Barbara). Er predigt gegen die „feige Masse, die an dem kümmerlichen Vorurteil festhält, daß man lieber gut sein soll als reich". Der Arbeiter soll versuchen, reich zu werden, das war von Anfang an auch die Politik der englischen Gewerkschaften, der Trade Unions. Deshalb hat es scheinbar zwischen Owen und Shaw in England keinen Sozialismus im proletarischen Sinne gegeben – er war vom Kapitalismus der Unterklasse der Art nach nicht zu unterscheiden. Für uns ist der gestaltende Gegensatz aber immer wieder Befehlen und Gehorchen in einer streng disziplinierten Gemeinschaft, heiße sie nun Staat, Partei, Arbeiterschaft, Offizierkorps oder Beamtentum, deren Diener jeder Zugehörige ohne Ausnahme ist. *Travailler pour le roi de Prusse* – das heißt doch auch seine Pflicht tun ohne das schmutzige Schielen nach Profit. Die Bezahlung der Offiziere und Beamten seit Friedrich Wilhelm I. war lächerlich im Verhältnis zu den Summen, mit denen man in England auch nur zur Mittelklasse gehörte. Trotzdem wurde fleißiger, selbstloser, ehrlicher gearbeitet. Der *Rang* war zuletzt die Belohnung. Und so war es auch unter Bebel. Dieser Arbeiterstaat im Staate wollte nicht reich werden, sondern herrschen. Diese Arbeiter haben bei ihren anbefohlenen Streiks oft genug gedarbt nicht für eine Lohn-, sondern für eine Machtfrage, für eine Weltanschauung, die der ihrer Brotgeber vermeintlich oder tatsächlich entgegengesetzt war, für ein sittliches Prinzip, wobei die verlorne Schlacht im Grunde noch ein moralischer Sieg war. Englischen Arbeitern ist dergleichen ganz unverständlich. Sie waren nicht arm und nahmen bei ihren Streiks noch die Hunderttausende in Empfang, die der arme deutsche Arbeiter sich entzog in der Meinung, daß es sich drüben um die gleiche Sache handle. Die Novemberrevolution war demnach eine Gehorsamsverweigerung im Heere *und zugleich* in der Arbeiterpartei. Die plötzliche Verwandlung der disziplinierten Arbeiterbewegung in eine wilde Lohnpolitik einzelner Gruppen ohne gegenseitige Rücksicht war ein Sieg des englischen Prinzips. Das Mißlingen äußerte sich in der Tatsache, daß in der Reichswehr ein neuer Organismus von innerer Disziplin entstand. Der einzige fähige Mann, der erschien, war ein Soldat. In solchen militärisch-autoritativen Erfolgen und Mißerfolgen wird die deutsche Revolution fortgehen.

16.

Derselbe Gegensatz beherrscht aber auch die *Wirtschaftsgesinnung* beider Völker. Es ist ein verhängnisvoller Fehler der Nationalökonomie, daß sie ganz materialistisch und ohne den geringsten Blick für die Vielheit wirtschaftlicher Instinkte und ihre Ausdrucksgewalt von den Wirtschaftsstufen „der“ Menschheit, „der“ Neuzeit, „der“ Gegenwart schlechthin redet. Sie trägt da alle Schwächen ihrer englischen Herkunft an sich, denn sie ist als Wissenschaft ein Produkt des modernen Engländers, mit seinem ganzen Selbstgefühl und Mangel an Psychologie, seine einzige *“philosophy“*, die seinem Sinn für Kampf, Erfolg und Besitz entspricht und mit der er seine rein englische Anschauung der wirtschaftlichen Praxis seit dem 18. Jahrhundert in alle Köpfe des Kontinents gepflanzt hat.

Aus dem Weltgefühl des echten Siedlers der Grenzmark, des kolonisierenden Ordens ergab sich als notwendiges Prinzip die *Wirtschaftsautorität des Staates*. Der einzelne erhält seine wirtschaftliche Aufgabe. Rechte und Pflichten der Gütererzeugung und -nutzung sind verteilt. Das Ziel ist nicht die Bereicherung von einzelnen oder jedes einzelnen, sondern die Blüte des Ganzen. So haben Friedrich Wilhelm I. und seine Nachfolger in den Sumpfgebieten des Ostens kolonisiert. Sie betrachteten das als eine Mission. Gott hatte ihnen eine

Aufgabe erteilt. In diesen Bahnen bewegte sich der Wirklichkeitssinn des deutschen Arbeiters mit voller Entschiedenheit. Lediglich die Theorien von Marx hinderten ihn, die nahe Verwandtschaft zwischen seinem und dem altpreußischen Wollen zu erkennen.

Der Seeräuberinstinkt des Inselvolkes versteht das Wirtschaftsleben ganz anders. Es handelt sich da um Kampf und Beute und zwar um den Beuteanteil einzelner. Der Normannenstaat mit seiner raffinierten Technik des Geldeintreibens beruhte vollkommen auf dem Beuteprinzip. Das Feudalsystem wurde ihm in einer großartigen Weise als Mittel eingefügt. Die Barone hatten das ihnen zugeteilte Stück Land auszubeuten, der Herzog forderte seinen Anteil von ihnen. Der Endzweck war Reichtum. Gott hatte ihn den Wagemutigen gespendet. Von der Praxis dieser seßhaft gewordenen Piraten geht das moderne Rechnungswesen aus. Aus der Rechnungskammer Roberts des Teufels von der Normandie (gest. 1035) stammen die Worte Scheck, Konto, Kontrolle, Quittung, Rekord und der heutige Name des englischen Schatzamts (Exchequer). Als England 1066 von hier aus erobert wurde, wurden die stammverwandten Sachsen genau so von den normannischen Baronen ausgebeutet. Niemals haben ihre Nachkommen die Welt anders zu betrachten gelernt. Diesen Stil trägt heute noch jede englische Handelskompanie und jeder amerikanische Trust. Erzeugung von Einzelvermögen, von privatem Reichtum, Niederkämpfen der privaten Konkurrenz, Ausbeutung des Publikums durch Reklame, durch Preispolitik, durch Bedürfniserregung, durch Beherrschung des Verhältnisses von Angebot und Nachfrage ist das Ziel, nicht die planmäßige Hebung des Volkswohlstandes als einer Einheit. Wenn ein Engländer von Nationalreichtum spricht, so meint er die Zahl der Millionäre. „Nichts ist dem englischen Empfinden fremder als Solidarität“ (Fr. Engels). Selbst in der Erholung sieht der Engländer noch eine Betätigung *ganz persönlicher, vor allem körperlicher* Überlegenheit. Er treibt Sport um des Rekords willen und hat einen Sinn für den seinen wirtschaftlichen Gewohnheiten verwandten Boxkampf, der deutschen Turnern innerlich ganz fremd ist.

Daraus ergibt sich, *daß englisches Wirtschaftsdasein mit Handel tatsächlich identisch ist,* Handel insofern er die kultivierte Form des Raubens darstellt. Diesem Instinkt gegenüber wird alles zur Beute, zur Ware, an der man sich bereichert. Die ganze englische Maschinenindustrie ist im Handelsinteresse geschaffen worden. Sie diente der Beschaffung von billiger Ware. Als die englische Landwirtschaft durch ihre Preise den Lohnkürzungen eine Grenze setzte, wurde sie dem Handel geopfert. Der ganze Kampf zwischen Unternehmer und Arbeiter in der englischen Industrie von 1850 geht um die Ware „Arbeit", die der eine billig erbeuten, der andre teuer verhandeln will. Alles was Marx mit zorniger Bewunderung von den Leistungen der „kapitalistischen Gesellschaft" sagt, gilt vom englischen und nicht von einem allgemein menschlichen Wirtschaftsinstinkt.

Das souveräne Wort Freihandel gehört in eine Wikingerwirtschaft. Das preußische und also sozialistische Wort wäre staatliche Regelung des Güteraustausches. Damit ist der Handel im Ganzen der Volkswirtschaft aus der herrschenden in eine dienende Rolle verwiesen. Man begreift Adam Smith mit seinem Haß gegen den Staat und die „hinterlistigen Tiere, die man Staatsmänner nennt". In der Tat, auf den echten Händler müssen sie wirken wie der Polizist auf den Einbrecher oder ein Kreuzer auf ein Korsarenschiff.

Bezeichnend ist aber auch die Überschätzung der Kapitalsmenge für das wirtschaftliche Gedeihen, die sich bei ihm findet. Daß psychologisch und ebendeshalb auch praktisch – denn das praktische Leben ist Ausdruck seelischer Bedingungen – der englische Kapitalsbegriff vom Händlerstandpunkt aus etwas ganz andres ist als der französische Rentner- und der preußische Verwaltungsbegriff, das sieht ein Materialist nicht. Psychologen sind die Engländer nie gewesen. Was sie dachten, hielten sie für Denknotwendigkeiten der Menschheit. Die ganze moderne Nationalökonomie beruht auf dem Grundfehler, den Sinn des Wirtschaftslebens überall in der Welt mit dem Händlerinteresse nach englischen Begriffen gleichzusetzen, auch wo man dem Wortlaut nach die Manchesterlehre verwirft; der Marxismus hat sich als reine Verneinung dieser Lehre ihr Schema vollständig zu eigen gemacht. Dies erklärt das ungeheure Fiasko aller Voraussagen für den Ausbruch des Weltkrieges, dem einstimmig der Zusammenbruch der Weltwirtschaft während weniger Monate prophezeit worden war.

Nur der Kapitalismus *englischen* Stils ist das Gegenstück zum Sozialismus marxistischen Stils. Der preußische Gedanke der Verwaltung des Wirtschaftslebens aus einem überpersönlichen Gesichtspunkt hatte den deutschen Kapitalismus seit der Schutzzollgesetzgebung von 1879 unwillkürlich in sozialistische Formen im Sinne einer Staatsordnung übergeführt. Die großen Syndikate waren wirtschaftliche Staaten im Staatsganzen, „der erste systematische und großzügig durchgeführte und dabei ganz unbewußt entstandene praktische Versuch der kapitalistischen Gesellschaft, hinter die Geheimnisse ihrer eignen Produktion zu kommen und die gesellschaftlichen Gesetze, deren unbekannter naturhafter Gewalt man sich bis dahin blind hatte fügen müssen, zu meistern“ (Lensch, Drei Jahre Weltrevolution).

Der deutsche Liberalismus, das deutsche Engländertum aber huldigt außer der freien Menschenwürde auch noch dem Freihandel. Hier erreicht die Komik seiner Erscheinung den Gipfel. Solange er zugunsten unverstandener Wikingertriebe den autoritativen Staat, das überpersönliche Wollen, die Stellung des Einzel-Ich unter das Gesamt-Ich „unentwegt“ ablehnte, war er metaphysisch. Das war die Haltung des deutschen „Gebildeten“ ohne praktische Begabung, des Professors, des Denkers und Dichters, aller, die schreiben statt zu handeln. Den andern Liberalismus hätten sie weder verstanden noch als sittlich anerkannt: das Räuberprinzip des freien Handels, zu dem eine Philosophie des Kampfes aller gegen alle gehört. Der Zusammenhang zwischen dem autonomen Ich in ihren abstrakten Systemen und dem in den Kontoren der großen Handelshäuser lag außerhalb ihres Gesichtskreises. Und so hat der deutsche Börsenliberalismus in aller Stille den deutschen Professor vor seinen Wagen gespannt. Er schickt ihn in die Versammlungen zum Reden und Hören, er setzt ihn in die Redaktionen, wo er mit philosophischem Geist die gründlichsten Artikel schreibt, um dem Volk der Leser, das seine unbegrenzte Gläubigkeit von der Bibel längst auf die Zeitung übertragen hat, die geschäftlich wünschenswerten politischen Überzeugungen einzuflößen, er schickt ihn ins Parlament und läßt ihn dort Nein und Ja sagen, um dem wirtschaftlichen Leben allen Theorien und Verfassungen zum Trotz immer neue Möglichkeiten des Schiebertums abzulocken. Er hat die heute überhaupt in Betracht kommende Presse Deutschlands fast ohne Ausnahme, die ganze Masse der Gebildeten, die ganze liberale Partei zu seinen Geschäftsorganen gemacht. Der Professor merkt es nicht. In England ist der Liberale aus einem Guß, ethisch *und deshalb* geschäftlich frei und sich des Zusammenhanges wohl bewußt. In Deutschland sind es immer zwei, die sittlich liberale und die geschäftlich liberale Persönlichkeit, von denen die eine denkt und die andre lenkt und nur die zweite sich des beiderseitigen Verhältnisses lächelnd bewußt ist.

So stehen sich heute zwei große Wirtschaftsprinzipien gegenüber. Aus dem Wiking ist der Freihändler, aus dem Ritter der Verwaltungsbeamte geworden. Eine Versöhnung zwischen beiden gibt es nicht und da sie beide, als Germanen und faustische Menschen höchsten Ranges, für ihr Wollen keine Grenze anerkennen und sich erst dann am Ziele glauben werden, wenn die ganze Welt ihrer Idee unterworfen ist, so wird es Krieg geben, bis eine von ihnen endgültig gesiegt hat. Soll die Weltwirtschaft eine Weltausbeutung oder eine Weltorganisation sein? Sollen die Cäsaren dieses künftigen Imperiums Milliardäre oder Weltbeamte, soll die Bevölkerung der Erde, solange dies Imperium der faustischen Zivilisation zusammenhält, Objekt der Politik von Trusts oder von Menschen sein, wie sie am Ende des zweiten Faust angedeutet werden? Denn es handelt sich um das Schicksal der Welt. Die Wirtschaftsgedanken der Franzosen waren ebenso territorial beschränkt wie die des Renaissancemenschen. Darin unterscheiden sich das Merkantilsystem unter Ludwig XIV. und die Physiokratenschule Turgots zur Aufklärungszeit in keiner Weise von den sozialistischen Plänen Fouriers, der die „Gesellschaft“ in die kleinen Wirtschaftskörper seiner Phalansterien zerlegen wollte, wie man sie noch in Zolas letzten Romanen wiederfindet. Eine Weltwirtschaft gehört zu den innersten Notwendigkeiten nur der drei echt faustischen Völker. Die ritterlichen Spanier strebten sie an, indem sie die neue Welt ihrem Reiche einverleibten. Sie haben als echte Soldaten über die Theorie ihrer wirtschaftlichen Expansion nicht nachgedacht, aber sie haben durch die geographische und politische Erweiterung des Gesichtskreises auch dem *wirtschaftlichen Horizont* des abendländischen Menschen die Abmessungen gegeben, die solche Gedanken überhaupt ermöglichten. Die Engländer haben als erste unter dem Namen Nationalökonomie die Theorie *ihrer*, der ausbeutenden Weltwirtschaft geschrieben. Als Händler waren sie klug genug, um die Macht der Feder über die Menschen der büchergläubigsten aller Kulturen zu kennen. Sie redeten ihnen ein, daß die Interessen ihres Piratenvolkes die der Menschheit seien. Sie wickelten die Idee des Freihandels in die der Freiheit ein. Diese praktische Klugheit fehlte dem dritten und letzten, wieder einem echt soldatischen Volke. Was Preußen in seinem Kreise verwirklichte, wurde durch Vermittlung der weltfremden deutschen Philosophie zum Sozialismus erhoben. Aber die wahren Schöpfer erkannten ihr Geschöpf in dieser Form nicht wieder und es entstand ein erbitterter Kampf zwischen zwei vermeinten Gegnern, von denen der eine die Praxis, der andre die Theorie besaß. Heute endlich ist es Zeit, sich und die gemeinsame Aufgabe zu erkennen. Soll die Welt sozialistisch oder kapitalistisch regiert werden? Diese Frage kann nicht zwischen zwei Völkern entschieden werden. Sie ist heute in das Innere jedes einzelnen Volkes gedrungen. Wenn die Waffen zwischen den Staaten ruhen, wird man sie im Bürgerkrieg erheben. Heute gibt es in jedem Lande eine englische und eine preußische Wirtschaftspartei. Und wenn die Klassen und Schichten des Krieges müde geworden sind, werden einzelne Herrenmenschen ihn im Namen der Idee weiter führen. In den großen Entscheidungen der antiken Welt zwischen der apollinischen und der dionysischen Idee ging der peloponnesische Krieg aus dem Kriege zwischen Sparta und Athen in das Ringen zwischen Oligarchie und Demos aller einzelnen Städte über. Was bei Philippi und Aktium ausgetragen wurde, hat in der Gracchenzeit das Forum von Rom mit Blut überschwemmt. In der chinesischen Welt dauerte der entsprechende Krieg zwischen den Reichen Tsin und Tsu, zwischen den Weltanschauungen des Tao und des Li ein Jahrhundert lang. In der ägyptischen Welt verbergen sich ungeheure Ereignisse derselben Art hinter dem Rätsel der Hyksoszeit, der Herrschaft östlicher Barbaren. Hatte man sie gerufen oder kamen sie, weil die Ägypter sich in innern Kriegen bis zur Ohnmacht erschöpft hatten? Wird das Abendland den Russen die gleiche Rolle übertragen? Mögen unsre trivialen Friedensschwärmer von Völkerversöhnung reden: die Ideen werden sie nicht versöhnen; der Wikingergeist und der Ordensgeist werden ihren Kampf zu Ende führen, mag auch die Welt müde und gebrochen aus den Blutströmen dieses Jahrhunderts hervorgehen.

17.

Damit aber tritt der englisch-preußische Gegensatz in den Bereich der *politischen* Formen ein. Es sind die höchsten und mächtigsten des historischen Daseins überhaupt. *Weltgeschichte ist Staatengeschichte. Staatengeschichte ist die Geschichte von Kriegen.* Ideen, wenn sie zur Entscheidung drängen, verkleiden sich in politische Einheiten, in Staaten, in Völker, in Parteien. Sie wollen mit Waffen, nicht mit Worten ausgefochten werden. Wirtschaftskämpfe werden zu Kämpfen zwischen Staaten oder innerhalb von Staaten. Religionen konstituieren sich als Staaten, wie Judentum und Islam, Hugenotten und Mormonen, wenn es sich um ihr Dasein oder ihren Sieg handelt. Alles was aus innerstem Seelentum Mensch und menschliche Schöpfung geworden ist, opfert den Menschen. Ideen, die Blut geworden sind, fordern Blut. Krieg ist die ewige Form höhern menschlichen Daseins, und Staaten sind um des Krieges willen da; sie sind Ausdruck der Bereitschaft zum Kriege. Und selbst wenn eine müde und entseelte Menschheit auf Kriege und Staaten verzichten wollte, wie der antike Mensch der spätesten Jahrhunderte, der Inder und Chinese von heute, so würde er nur aus dem Führer von Kriegen der Gegenstand werden, um den und mit dem von andern Kriege geführt werden. Wäre selbst der faustische Weltfriede erreicht, so würden Herrenmenschen vom Schlage spätrömischer, spätchinesischer, spätägyptischer Cäsaren sich um dies Imperium schlagen als Beute, wenn seine endgültige Form eine kapitalistische, und um den ersten Rang in ihm, wenn sie eine sozialistische geworden sein sollte.

Zu einer politischen Form aber gehört *das* Volk, das sie geschaffen hat, das sie im Blute trägt, das sie *allein* zu verwirklichen vermag. Politische Formen an sich sind leere Begriffe. Nachsprechen kann sie jeder. Nachleben, mit echter Wirklichkeit erfüllen kann sie niemand. Auch im Politischen gibt es keine Wahl; jede Kultur und jedes einzelne Volk einer Kultur führt seine Geschäfte und erfüllt sein Schicksal in Formen, die mit ihm geboren und die dem Wesen nach unveränderlich sind. Ein philosophischer Streit um „Monarchie" oder „Republik" ist ein Gezänk um Worte. Die monarchische Regierungsform an sich – das gibt es so wenig wie die Wolkenform an sich. Eine antike und eine westeuropäische „Republik" sind unvergleichbare Dinge. Wenn in einer großen Krise, deren letzter Sinn immer ein ganz andrer ist als die Änderung der Regierungsform, die Republik oder Monarchie ausgerufen wird, so ist das eben ein Ruf, ein Name, das Stichwort einer melodramatischen Szene, das einzige allerdings, was die meisten von einer Epoche verstehen und woran sie sich zu begeistern vermögen. In Wirklichkeit kehrt ein Volk nach solchen Ekstasen doch wieder zu *der* Form zurück, nämlich zu der eignen, für deren Wesentliches es beinahe nie eine volkstümliche Bezeichnung gibt. Der Instinkt einer unverbrauchten Rasse ist so stark, daß er mit jeder Regierungsform, die ihm der historische Zufall in den Weg wirft, sehr bald in seiner ureignen Weise arbeitet, ohne daß es irgend jemand zum Bewußtsein kommt, daß von der Form nur der Name übrig geblieben ist. Es sind nie die Verfassungen in ihrem Wortlaut, sondern die ungeschriebenen und unbewußten Regeln, nach denen sie verwendet werden, die man als die eigentliche Regierungsform bezeichnen darf. Ohne die Beziehung auf ein ganz bestimmtes Volk sind „Republik", „Parlamentarismus", „Demokratie" bloße Redensarten.

So ist die „parlamentarische Regierungsform" ein spezifisch englisches Gewächs und ohne die gesamten Voraussetzungen des englischen Wikingercharakters, ohne die Insellage und eine mehrhundertjährige Entwicklung, die den ethischen Stil dieses Volkes mit diesem Stil der Geschäftsführung vollkommen verschweißt hat, weder nachzuleben noch mit irgendwelcher Aussicht auf auch nur annähernd gleiche Erfolge in ihren Methoden nachzuahmen. Parlamentarismus in Deutschland ist Unsinn oder Verrat. England hat alle Staaten ohnmächtig gemacht, denen es das Gift seiner eignen Form als Arznei reichte. Umgekehrt würde England die Fähigkeit zu einer erfolgreichen Politik verlieren, sobald die Endentwicklung der abendländischen, heute also den Erdball beherrschenden Zivilisation dahin führen sollte, daß diese Regierungsform überhaupt unmöglich wird. Der englische Sozialismus würde Verrat an England üben, wenn er sie abschaffte. Es handelt sich um eine freie Gesellschaft von Privatleuten, denen, wie gesagt, die Insellage die Möglichkeit gegeben hat, den eigentlichen Staat abzuschaffen und diese formale Voraussetzung ihres politischen Daseins durch eine Flotte mit gemieteter Mannschaft und eine endlose Reihe von Kriegen, die man gegen Bezahlung durch fremde Staaten und Völker führen ließ, bis 1916 aufrechtzuerhalten. Dieser staatlose Parlamentarismus setzt ein festes System von zwei Parteien voraus, deren Verhältnis zueinander, deren Organisation, Praxis, Interessen, deren Stimmung, Sitte, Geist genau diese und keine andern sind. Was wir englische Parteien nennen – das Wort bedeutet in jedem Lande etwas andres –, sind ursprünglich Gruppen des altenglischen Adels, die sich in den Revolutionen von 1642 und besonders 1688 durch das anglikanische und puritanische Bekenntnis, in der Tiefe also durch eine gewisse Verschiedenheit ihrer ethischen Imperative absonderten. Von den Eigenschaften jener altnordischen Seefahrerrasse, von denen die isländischen Sagas Zeugnis geben, herrschten unter den Tories der Stolz auf das edle Blut, der vornehme Sinn für alles Ererbte und Legitime, für Landbesitz, für kriegerische Wagnisse und blutige Entscheidungen vor, unter den Whigs die Freude an Raub und Plünderung, an leichtem Erfolg und reicher beweglicher Beute, an List und Kühnheit mehr als an körperlicher Kraft. Die Typen des englischen Imperialisten und Freihändlers sind durch immer schärfere Ausprägung dieser Lebensgefühle, durch immer reinere Züchtung der tatsächlich herrschenden Klasse bis zu ihrer heutigen Form emporgeführt worden. Daß die Demokratisierung Englands im 19. Jahrhundert nur eine scheinbare war und das Volk tatsächlich wie in Preußen von einer hochwertigen, durch die Ganzheit und Ungebrochenheit ihrer praktischen Eigenschaften ausgezeichneten Minderheit geführt wurde, hat die Höhe nicht nur des Wollens, sondern des Könnens bis zum Ausgang des letzten Krieges aufrechterhalten.

Denn zum innersten Wesen dieser Politik gehört es, daß sie eine reine Geschäftspolitik im Piratensinne ist, ob nun die Tories oder die Whigs gerade die Führung haben. Daß beide in erster Linie Gentlemen sind, Mitglieder derselben vornehmen Gesellschaft mit ihrer bewunderungswürdigen Einheit der Lebenshaltung, macht es erst möglich, daß trotz der zeitweise erbitterten Gegnerschaft die großen Angelegenheiten im Privatgespräch und privaten Briefwechsel erledigt werden, so daß vieles geschieht, was erst zugestanden werden darf, wenn der Erfolg die Mittel rechtfertigte, und was in jedem andern Lande der Welt im Lärm verständnisloser und prinzipienfester Volksvertretungen verdorben werden würde. Der englische Parteiführer betreibt auch die Geschäfte des Landes als Privatmann. Wenn seine politischen Unternehmungen glücken, so war es „England", das diese Politik einschlug. Führen sie, obwohl erfolgreich, zu praktisch oder moralisch peinlichen Folgen, so tritt er zurück und das Land tadelt ihn mit puritanischer Strenge seiner privaten Handlungsweise wegen, deren Folgen man durch den Rücktritt ablehnt; aber man dankt Gott für die Gnade, die er England durch die erfolgreiche Handlung selbst erwiesen hat. Das ist nur möglich, wenn beide Parteien in wesentlichen Interessen ohne Meinungsverschiedenheit sind. Wohl haben die Tories Napoleon gestürzt und nach St. Helena gebracht, nachdem er die Ideen der Whigs über den Kontinent verbreitet hatte, aber Fox war doch durchaus kein unbedingter Gegner des Krieges mit ihm. Und als Robert Peel 1851 das Freihandelssystem von Cobden endgültig zum Siege führte und damit die wirtschaftliche Unterwerfung der Welt ihrer Verwandlung in ein militärisches Protektorat vorzog, haben die Tories einen Teil ihrer Grundsätze in dem System der Whigs durchaus wiedergefunden und anerkannt. Die torystische Politik unter Eduard VII. hat den Weltkrieg veranlaßt, aber die Whigs, Gegner des Krieges, haben durch die Aufnahme „liberaler Imperialisten" sich stillschweigend auf diese

Möglichkeit vorbereitet. Dies alles ist „Parlamentarismus" und nicht jene wert- und wirkungslosen Äußerlichkeiten, die man heute in Deutschland dafür hält, wie die Verteilung von Ministerportefeuilles unter Parteiführer oder die Bloßlegung der parlamentarischen Technik vor der breitesten Öffentlichkeit. Die letzten Entschließungen der Parteiführer sind selbst der Mehrheit der Parlamentsmitglieder Geheimnis. Die sichtbaren Vorgänge sind *fable convenue* und der mustergültige Takt beider Parteien sorgt dafür, daß der Schein einer Selbstregierung des Volkes um so peinlicher aufrechterhalten wird, je weniger dieser Begriff tatsächlich bedeutet. Daß Parteien, vor allem englische Parteien, Teile des Volkes sind, ist dilettantischer Unsinn. In Wirklichkeit kann es, außer in Staaten vom Umfang weniger Dörfer, etwas wie Volksregierung, Regierung durch das Volk, gar nicht geben. Nur hoffnungslos liberale Deutsche glauben daran. Die Regierung liegt überall, wohin englische Regierungsformen gedrungen sind, in den Händen sehr weniger Männer, die innerhalb einer Partei durch ihre Erfahrung, ihren überlegenen Willen und ihre taktische Gewandtheit herrschen, und zwar mit diktatorischer Machtvollkommenheit. Damit erhebt sich die Frage, welches das Verhältnis zwischen Volk und Partei ist oder was Wahlen in der heutigen Staatenwelt des Abendlandes eigentlich bedeuten. Wer wählt und was wählt er? Der Sinn des englischen Systems besteht darin, daß das Volk *die Partei* und nicht einen Beauftragten seines mehr oder weniger von der Parteileitung selbst suggerierten Willens wählt. Die Parteien sind festgefügte, sehr alte Gesellschaften, welche sich damit beschäftigen, die politischen Angelegenheiten der Gesellschaft des englischen Volkes überhaupt zu führen. Der einzelne Engländer, der das Zweckmäßige dieser Einrichtung wohl empfindet, unterstützt von Wahl zu Wahl diejenige, deren Absichten für die nächsten Jahre seinen eignen Meinungen und Interessen am meisten entsprechen. Wie gleichgültig dabei die Person des Abgeordneten ist, den die Partei ganz souverän ernennt, weiß er genau. Das Wort Stimmvieh paßt auf den Durchschnitt der Abgeordneten sicherlich besser als auf deren Wähler. Es ist bezeichnend, daß die Arbeiter sehr oft statt für den Arbeiterkandidaten für einen Unternehmer gestimmt haben, den eine der alten Parteien aufgestellt hatte. Das war nach ihrer nüchternen Beurteilung der Lage eben für den Augenblick vorteilhafter. In Amerika, wo bereits nicht mehr der echte Engländer hinter dem System steht, hat sich der Brauch ausgebildet, daß die Parteien den Wählern ein Programm und den Trusts, die sie bezahlen, ein andres vorlegen, von denen das eine bestimmt ist, veröffentlicht, und das andre, gehalten zu werden. Damit ist endlich die entscheidende Frage berührt, in welcher Form in parlamentarisch regierten Ländern die politische Arbeit bezahlt wird. Daß davon heute, wo alle Völker mit oder ohne Wissen und Willen durch eine Interessenpolitik geleitet werden, nicht der Geist der Verfassungen, sondern der viel wichtigere Geist ihrer tatsächlichen Anwendung abhängt, das bemerken die naiven Schwärmer für demokratische Zustände nicht. Sie denken in ihrer Harmlosigkeit womöglich an die Höhe der Abgeordnetendiäten. Aber die Frage liegt anders. Die Monarchen der Barockzeit verfügten nach Gutdünken über die Staatseinnahmen. Die modernen Parteien verwalten sie nur. Und da ist es lediglich eine Frage der Zweckmäßigkeit, ob die Vertreter der großen wirtschaftlichen Interessen die Wähler, die Abgeordneten oder die Parteileitungen selbst sich sichern. Das erste entspricht den Formen des englischen Parlamentarismus und wurde im 18. Jahrhundert im großen Stile als Stimmenkauf betrieben. Heute, wo Tories und Whigs aus vornehmen Klassen mit scharf ausgeprägter Weltanschauung rein geschäftliche Vertretungen geworden sind, die sich von Fall zu Fall eigentlich nur noch durch ihre Ansicht über die vorteilhafteste Form und die moralische Begründung eines Unternehmens unterscheiden, ist dies Mittel überflüssig geworden: die Interessen haben sich mit den demokratisierten Parteien vereinigt. Im anarchischen Frankreich, wo unter dem Namen von Parteien Klubs und persönliche Gruppen von rasch wechselnder Zahl und Stärke auftreten, ist die Bezahlung der Abgeordneten in feinerer oder unmittelbarer Form die Regel. Das sozialistische Abgeordnetenmaterial steht der Plutokratie ebenso zur Verfügung wie das übrige, und die Laufbahn eines französischen Parlamentariers wird oft genug in der Gewißheit eingeschlagen, daß man sich nach ein paar Jahren ein Schloß kaufen kann. In Deutschland, wo die Parteien mit ideologischen

Programmen sich dem Volke präsentieren, hat die Börse den Liberalismus und die Schwerindustrie den Nationalliberalismus in ihren Dienst gestellt. Sie bezahlen die Agitation und – teilweise in der Form der Versorgung mit Geschäftsanzeigen – die Presse. Wenn die Verfassung von Weimar auch nur wenige Jahre in Kraft bleiben sollte, würden Abgeordnetensitze im Interesse bestimmter Parteien zu einem festen Preise zu haben sein. Die Ansätze dazu waren schon bei den ersten Wahlen deutlich vorhanden.

Daß Demokratie und allgemeines Stimmrecht erprobte Methoden des Kapitalismus sind, haben alle Länder bewiesen, die diese Formen von England übernommen haben. Wenn der liberale Professor die Verfassung von Weimar als Erfüllung seiner Träume begrüßt, so begrüßt sie der Geschäftsliberalismus als die bequemste und vielleicht billigste Methode, die Politik dem Kontor, den Staat dem Schiebertum zu unterstellen.

Dies alles kennzeichnet die Herrschaft des Wikingergeistes über die abendländische Zivilisation, die bis jetzt durchaus englische Zivilisation gewesen ist. Die Form, in welcher der *unübertragbare* englische Parlamentarismus sich dem Festlande und schließlich der ganzen Welt aufdrängte, ist die „Konstitution", durch welche die Kritik an den bestehenden Regierungen zu einem organischen Bestandteil der Regierung selbst gemacht wird. Aber der *staatlose* Charakter der Regierung, welche die englische Gesellschaft aus sich selbst entwickelte, ging hier in den *staatsfeindlichen* Charakter aller Verfassungen über, in denen ein fremdes, das englische Prinzip, enthalten war. Damit wurden überall Parteisurrogate notwendig, welche den englischen Stil, der die ausführende Gewalt zu einem Bestandteil der Parteihoheit gemacht hatte, ohne seinen Gehalt nachahmten, und eine Opposition, die bei fortwährender Reibung zwischen der höchsten Gewalt und dem Parteiprinzip oder zwischen den Parteien wegen ihrer sehr verschiedenen Auffassung der Parteihoheit nicht organisch fördernd, sondern zerstörend wirkte. Mirabeau, der klügste Kopf Frankreichs in dem Augenblick, wo es den Wikingerideen erlag, wäre bei längerem Leben sicherlich zum Absolutismus zurückgekehrt, um sein Land vor dem

Pseudoparlamentarismus der souveränen Klubs zu retten. Das Wort Intrigue gibt erschöpfend den Geist wieder, den der anarchische Franzose an Stelle der planmäßigen Taktik des Engländers in jede Art von Regierung einführt, um sie seinem Lebensstil anzugleichen. Infolgedessen ist es immer wieder ein *zufälliger Despotismus als die praktisch brauchbarste Form dieser Anarchie,* in welcher die französische Geschichte von Zeit zu Zeit überraschende, aber flüchtige Höhepunkte des Erfolges erreicht hat. Das gilt bereits von Mazarin und Richelieu, das ist seit 1789 das geheime Endziel jedes noch so kleinen politischen Klubs, das hat endlich seinen klassischen Ausdruck in der Diktatur eines landfremden Soldaten, Napoleons, gefunden. Etwas ganz Ähnliches hatte Macchiavelli für den Wirrwar der Renaissancepolitik von Cesare Borgia erhofft. Frankreich und Italien allein haben *keine* politische Idee hervorgebracht. Der Staat Ludwigs XIV. ist ein Einzelfall wie das Reich Napoleons, kein System der Dauer, und die absolute Monarchie des Barock als organische und entwicklungsfähige Form ist habsburgischen, nicht bourbonischen Ursprungs. Habsburg ist von Philipp II. bis Metternich für die *Regierungsweise* fast aller Höfe und Kabinette vorbildlich gewesen; der Hof des Sonnenkönigs wirkte nur auf Zeremoniell und Kostüm. Gerade die renaissancemäßige Erscheinung Napoleons ist beweisend. Nur in Florenz und Paris konnte ein erfolgreicher Truppenführer eine so untraditionelle Rolle spielen und einen Staat von so phantastischen und vergänglichen Formen aufrichten. Es gab hier keine typische Staatsform. Rousseau, der Theoretiker der politischen Anarchie, hat aus der Tatsache der fest in sich begründeten und politisch mit voller Instinktsicherheit arbeitenden englischen *society* den Begriff seines Gesellschaftsvertrages gezogen, der zuletzt doch die Diktatur als gelegentliche und zufällige Kettung aus dem Kunterbunt aller Einzelwillen forderte. In England hätte Napoleon im Falle einer Revolution Premierminister, in Preußen Feldmarschall, in Spanien beides werden können und zwar mit unbeschränkter Vollmacht. Im Kostüm Karls des Großen ist er nur in Frankreich und Italien denkbar.

In Preußen war nun ein wirklicher Staat in der anspruchsvollsten Bedeutung des Wortes vorhanden. Hier gab es streng genommen keinen Privatmann. Jeder, der innerhalb des mit der Exaktheit einer guten Maschine arbeitenden Systems lebte, gehörte ihm irgendwie als Glied an. Die Geschäftsführung konnte demnach auch nicht in der Hand von Privatleuten liegen, wie es der Parlamentarismus voraussetzt. Sie war ein Amt und der verantwortliche Politiker war Beamter, Diener des Ganzen. In England fielen Politik und Geschäftsinteresse zusammen; in Frankreich wurde der Schwarm von Berufspolitikern, der sich mit der Konstitution alsbald einstellte, von den Interessengruppen angeworben. In Preußen ist der reine Berufspolitiker immer eine anrüchige Erscheinung gewesen. Wenn also mit dem 19. Jahrhundert eine Demokratisierung des Staates unerläßlich wurde, so durfte sie nicht in englischen Formen erfolgen, die dem genau entgegengesetzten System entsprachen. Demokratie konnte hier nicht private Freiheit bedeuten, die mit geschäftlicher Ungebundenheit zusammenfiel und notwendig zu einer Privatpolitik führen mußte, welcher der Staat als Werkzeug diente. Wenn der Ordensgedanke „Alle für alle" eine moderne Fassung erhielt, so war es nicht die Bildung von Parteien, die nach unten auf dem Wege der Wahlen alle paar Jahre einmal dem Volk das Recht gaben, für den von der Partei ernannten Kandidaten oder überhaupt nicht zu stimmen, während sie nach oben als Opposition in die Regierungsarbeit eingriffen, sondern es war das Prinzip, jedem einzelnen nach Maßgabe seiner praktischen, sittlichen, geistigen Fähigkeiten ein bestimmtes Maß von Befehl und Gehorsam anzuweisen, einen ganz persönlichen Grad und Rang von Verantwortung also, der jederzeit, wie ein Amt, widerruflich war. Dies ist das „Rätesystem", wie es vor hundert Jahren der Freiherr vom Stein geplant hatte, ein echt preußischer Gedanke, der auf den Grundsätzen der Auslese, der Mitverantwortung, der Kollegialität beruhte. Heute ist es, ganz marxistisch, in den Schmutz des Klassenegoismus gezogen worden, eine bloße Umkehr des Bildes, das Marx von der Räuberklasse der Kapitalisten englischen Stils, der Wikinger ohne Staatskontrolle gezeichnet hatte, ein Freihandelssystem von unten mit der Arbeiterschaft als *society* und also englisch durch und durch. Das ist Bentham, nicht Kant.

Stein und seine von Kant geschulten Berater dachten an eine Organisation der Berufsstände. In einem Lande, wo Arbeit die allgemeine Pflicht und der Inhalt des Lebens sein sollte, unterscheiden sich die Menschen nach ihrer Leistung, nicht nach ihrem Besitz. Also örtliche berufsständische Körperschaften nach Maßgabe der Bedeutung dieser Berufe im Volksganzen; höhere Vertretungen bis hinauf zu einem obersten Staatsrat; jederzeit widerrufliche Mandate; also keine organisierten Parteien, keine Berufspolitiker, keine periodischen Wahlen. Diese Gedanken hat Stein zwar nicht ausgesprochen, er würde sie in dieser Fassung vielleicht bestritten haben, aber sie lagen als Keim in den Reformen, die er vorschlug, und sie wären geeignet gewesen, eine planmäßige Demokratisierung des preußischen Systems durchzuführen, wie sie den eignen, nicht den englischen und französischen Instinkten entsprach und wie sie eine Auslese der gerade für dies System begabten Persönlichkeiten verbürgt hätte. Zu einem Staat gehört ein Staatsrat. Es ist das Verhältnis der Maschine zum gelernten Ingenieur. Zu einem Nichtstaat gehört der genau ebenso konstituierte geheime Rat der Einzelparteien, von denen jede jederzeit in der Lage sein muß, ihren Apparat als Regierung des Landes arbeiten zu lassen. England besitzt in der Tat *zwei* "Arbeiterräte" oder Kronräte statt eines und das ist der Sinn des Parlamentarismus. Das preußische System hätte eines einzigen von stabiler Zusammensetzung bedurft.

Statt dessen ist nun unter dem Eindruck der napoleonischen Ereignisse die Bewunderung englischer Einrichtungen herrschend geworden. Hardenberg, Humboldt und die andern waren „Engländer". Statt Kant kamen Shaftesbury und Hume zu Worte. Wo eine Neuordnung von innen heraus notwendig und möglich gewesen wäre, wurde sie von außen her vollzogen. Die ganze politische Verbitterung des 19. Jahrhunderts, die grenzenlose Unfruchtbarkeit unsres Parlamentarismus an Männern, Gedanken und Leistungen, das beständige Ringen zwischen grundsätzlich feindseliger Opposition und gewaltsamem Durchdrücken rühren daher, daß eine strenge und menschlich tiefe Ordnung einem Volke auferlegt wurde, das für eine ganz andre, ebenso strenge und tiefe Ordnung begabt war. Überall, wo die altpreußische Gestaltungskraft sich an großen Gegenständen *frei* erproben konnte, wie in der Organisation der Syndikate und Kartelle, der Gewerkschaften, in der Sozialpolitik, hat sie gezeigt, was sie zu leisten imstande war.

Wie fremd der Parlamentarismus dem preußischen und seit 1870 dem deutschen Volke geblieben ist, beweist die Gleichgültigkeit, mit welcher trotz aller Bemühungen der Presse und Parteien die Wahlen und die Fragen des Wahlrechts aufgenommen worden sind. Es war sehr oft nur der Ausdruck eines unbestimmten Ärgers, wenn man von seinem Wahlrecht Gebrauch machte, und in keinem andern Lande geben diese Wahltage englischen Stils ein so falsches Bild der wirklichen Gesinnung. Das Volk hat sich an diese ihm fremde Art des „Mitarbeitens" nie gewöhnt und wird es niemals tun. Wenn ein Engländer den Verhandlungen des Parlaments nicht folgt, so tut er das in dem Bewußtsein, daß seine Interessen dort gut aufgehoben sind. Wenn es ein Deutscher tut, so geschieht es in dem Gefühl vollkommenster Gleichgültigkeit. Für ihn ist nur „die Regierung" etwas Wesenhaftes. Der Parlamentarismus wird bei uns immer ein System von Äußerlichkeiten bleiben.

In England waren die beiden Parteien absolute Leiter der Politik gewesen. Hier aber war ein *Staat* vorhanden, und die Parteien, die nun der parlamentarischen Methode wegen gegründet wurden, während sich in England die Methode aus der tatsächlichen Konstitution des handeltreibenden Volkes herausgebildet hatte, traten ihm lediglich *kritisch* gegenüber. Es ergab sich von vornherein ein Mißverhältnis zwischen dem System, das man einführen wollte, und dem, welches vorhanden war, zwischen Absicht und Wirkung der Methode, zwischen dem Begriff und dem Wesen der Parteien. Die englische Opposition ist ein notwendiger Bestandteil der Regierung; sie arbeitet ergänzend mit. Unsre Opposition ist *wirkliche* Verneinung nicht nur der Gegenparteien, sondern der Regierung selbst. Das ist mit der Beseitigung der Monarchie durchaus nicht anders geworden.

Es ist bezeichnend und verrät die Stärke des nationalen Instinkts, daß die beiden Parteien, welche man als spezifisch preußische bezeichnen darf, die konservative und die sozialistische, eine illiberale und antiparlamentarische Tendenz nie verloren haben. Sie sind beide in einem höheren Sinne sozialistisch und entsprechen damit durchaus den *beiden* kapitalistischen Parteien Englands. Sie erkennen eine private und parteigeschäftliche Leitung der Regierung nicht an, sondern weisen dem *Ganzen* die unbedingte Autorität zu, die Lebensführung des einzelnen im allgemeinen Interesse zu regeln. Daß dabei die einen vom monarchischen Staat, die andern vom arbeitenden Volk sprechen, ist ein Unterschied in Worten angesichts der Tatsache, daß hier *jeder* arbeitet und daß der Einzelwille *jedesmal* dem Gesamtwillen unterworfen ist. Diese beiden Parteien waren, unter dem Druck des englischen Systems, Staaten im Staate; sie waren ihrer Überzeugung nach *der* Staat und erkannten deshalb die Existenzberechtigung andrer Parteien als der eignen überhaupt nicht an. Schon das schließt parlamentarisches Regieren aus. Sie verleugneten den soldatischen Geist nicht; sie organisierten geschlossene, gut disziplinierte Wählerbataillone, in denen die Konservativen bessere Offiziere, die Sozialisten bessere Mannschaften waren. Sie waren auf Befehl und Gehorsam aufgebaut und faßten *ihren* Staat, den Hohenzollernstaat und den Zukunftsstaat ebenso auf. Freiheit war in dem einen so wenig wie in dem andern englische Freiheit. Eine tiefe Verachtung des englisch-parlamentarischen Wesens, der Rangbestimmung durch Reichtum und Armut, durchzieht ihre nichts weniger als parlamentarische Wirksamkeit. Sie haben beide das preußische Wahlrecht mit seiner erbitternden Abstufung nach reich und arm verachtet, die Konservativen, indem sie es als Mittel gerade für gut genug hielten; aber sie verachteten im Grunde jedes Wahlsystem nach englischem Muster, weil sie wußten, daß es mit Notwendigkeit zu einer Plutokratie führt. Wer solche Systeme bezahlen kann, erntet ihre Früchte.

Daneben stellte sich die Partei spanischen Stils, die ultramontane, deren geistige Tradition bis zu den Zeiten habsburgischer Weltherrschaft und dem Territorialgeist des Westfälischen Friedens zurückreicht. In

Napoleon verehrte sie heimlich den Gründer des Rheinbunds. In ihrer Taktik ist noch ein Rest der meisterhaften Kabinettsdiplomatie von Madrid und Wien lebendig; sie hat es verstanden, mit der reifen Klugheit der Gegenreformation demokratische Tendenzen und parlamentarische Gebräuche sich *dienstbar* zu machen. Sie verachtet nichts; sie weiß allem eine erfolgreiche Seite abzugewinnen. Und man vergesse doch auch nicht die sozialistische Zucht und Disziplin des spanischen Geistes, der wie der preußische aus den Ritterorden der gotischen Zeit hervorging und vor ihm einen Weltgedanken in der Formel „Thron und Altar" zusammengefaßt hatte.

Und endlich konstituierte sich das geistige Engländertum Deutschlands als Partei, um den echten Parlamentarismus mit der Inbrunst einer Weltanschauung, als Prinzip, als Idee, als Ding an sich zu verfechten. Napoleon war ihnen der Bringer freiheitlicher Ideen. Sie betätigten ihre „Gesinnung" überall dort, wo der Engländer seine Talente und Erfahrungen betätigt hätte. Der „Standpunkt" ist ihr Symbol. Wenn drei Liberale zusammenkommen, so gründen sie eine neue Partei. Das ist ihr Begriff von Individualismus. Sie treten in keinen Kegelklub ein, ohne eine Änderung der Statuten „auf die Tagesordnung zu setzen". Weil in England eine staatlose Ordnung der öffentlichen Dinge herrscht, so ist jeder Autoritätsakt des Staates ihrer Entrüstung gewiß. Auch im Sozialismus hassen sie noch die autoritativen Endziele. Dies Bürgertum ist eine spezifisch deutsche Erscheinung. Man hätte es nicht mit der französischen Bourgeoisie und noch weniger mit der englischen Mittelklasse verwechseln sollen. Der große Stil des englischen Liberalismus steht ihm schlecht. *Quod licet Jovi, non licet bovi.* Unter dem Bratenrock des freigesinnten Mannes ist noch etwas von der Seele alter Reichsstädte lebendig, die einen ständigen schmerzlichen Protest gegen die Realitäten der modernen Zivilisation erhebt und die eine unermeßliche Literatur um sich aufhäuft, in der irgendetwas Transzendentes und Ideales – in jedem Buche etwas andres – in die wirklichkeitsharten englischen Ideen hineingedeutet wird, ohne die man sich der ebenso unromantischen Härte preußischer Ideen nicht erwehren könnte. Und diesen politisch harmlosen, jeder Organisation unfähigen Freisinn hat jener andre Liberalismus, der aus der Ganzheit des englischen Wesens nur die rein wirtschaftliche Diktatur des privaten Reichtums ohne ihren sittlichen Gehalt als Ziel entlehnte, nun wirklich zu einer Kampfpartei zusammengefaßt, die er überall dort zu einer langsam aushöhlenden, ermattenden, mordenden Opposition ansetzte, wo der sozialistische Gedanke des preußischen Staates der Souveränität des Geschäfts im Wege stand. Sein Geist war es letzten Endes, der das „innere England" der Mehrheitsparteien zu jener parlamentarischen Revolution von 1917 zusammenfaßte, die dem äußeren England der Ententemächte durch den Sturz des Staates den Endsieg gesichert hat. Er fordert den reinen Parlamentarismus, nicht weil er einen freien Staat, sondern weil er keinen Staat haben will und weil er ebensogut wie England weiß, daß ein sozialistisch veranlagtes Volk mit diesem fremden Rock am Leibe handlungsunfähig wird. Das „überstaatliche" Weltbürgertum des deutschen Michel sagt ihm durchaus zu. Lacht er auch darüber als Ziel, so schätzt er es doch als Mittel. Er übergibt dem weltbürgernden Professor Katheder und Feuilleton, dem parlamentarischen Dilettanten die Politik „über dem Strich" und im Sitzungssaale. Mit diesem Zweigespann fährt er dem Ziele des vollendeten Engländertums zu. Der Sozialismus hat in der deutschen Revolution seine schwerste Niederlage erlitten, der Gegner hat ihn dahin gebracht, seine Waffe gegen sich selbst zu kehren.

Trotz alledem stehen die beiden großen Weltgedanken sich weiterhin gegenüber: Diktatur des Geldes oder der Organisation, die Welt als Beute oder als Staat, Reichtum oder Autorität, Erfolg oder Beruf. Die beiden sozialistischen Parteien Deutschlands müssen sich zusammenfinden gegen den Feind der gemeinsamen Idee, gegen das innere England, den kapitalistisch-parlamentarischen Liberalismus. Eine sozialistische Monarchie – denn der autoritative Sozialismus ist monarchisch; die verantwortungsreichste Stelle in dem ungeheuren Organismus, der Platz des *ersten Dieners dieses Staates* nach dem Worte Friedrichs des Großen darf dem privaten Strebertum nicht ausgeliefert werden – eine Einheit, in der jeder nach seinem *sozialistischen* Range, seinem Talent zur freiwilligen Disziplin aus innerer Überlegenheit, seinem organisatorischen Können, seiner Arbeitskraft, Gewissenhaftigkeit und Energie, seinem intelligenten Gemeingefühl den ihm zukommenden Platz erhält; die allgemeine Arbeitspflicht und daraufhin eine berufsständische Gliederung, die zugleich Verwaltung ist und einen obersten Verwaltungsrat statt des Parlaments besitzt – wo alle arbeiten, Offiziere, Beamte, Bauern, Bergleute, möge man ihn Arbeiterrat nennen – das ist ein Gedanke, der in der faustischen Menschenwelt langsam gereift ist und sich seinen Menschentypus längst gezüchtet hat.

Auf der andern Seite steht die kapitalistische Weltrepublik – denn England *ist* Republik; Republik bedeutet *heute* die Regierung durch den erfolgreichen Privatmann, der seine Wahl und damit seinen Einfluß bezahlen kann – und die Erdoberfläche als Jagdgrund derer, die reich werden wollen und die Möglichkeit zum freien Einzelkampf für sich fordern. Und da werden sich Tories und Whigs, die *beiden* kapitalistischen Parteien, endlich gegen das „innere Preußen“ des Sozialismus zusammenschließen, der drüben die Arbeiterschaft für sich hat – und man bedenke, daß Arbeit dort ein Unglück ist. Das bedeutet eine Umlagerung des parlamentarischen Systems, das mit drei Parteien nicht arbeiten kann. In Altengland stand reich gegen reich, eine Weltanschauung gegen die andre *innerhalb* der Oberklasse. Jetzt ist es reich gegen arm, England – gegen etwas andres. Damit aber ist die Form des Parlamentarismus *verbraucht*, es ist kein Zweifel möglich. Er war in England schon im Niedergehen, als deutsche Narrheit ihn herüberholte.

Er hat seine beste Zeit vor Bismarck gehabt. Es war eine alte, reife, vornehme, unendlich verfeinerte Form, die den ganzen Takt des englischen Gentleman von guter Herkunft erforderte, um in Vollendung beherrscht zu werden. Die Voraussetzung war eine selbstverständliche Übereinstimmung in so vielen Fragen, daß Differenzen die Höflichkeit nicht in Gefahr brachten. Der parlamentarische Kampf hatte etwas von den guten Formen eines Duells unter Aristokraten an sich. Es ist wie mit der alten Musik von Bach bis Beethoven: sie beruhte auf einer vollkommenen musikalischen Kultur bis in die Fingerspitzen. Sobald die

Strenge dieser Kultur nachließ, wurde die Musik barbarisch. Niemand kann heute mehr eine Fuge alten Stils mit der alten Leichtigkeit und Selbstverständlichkeit der Beherrschung aller Regeln in einem Zuge hinschreiben. Und so ist es mit dem fugierten Stil der parlamentarischen Taktik. Gröbere Menschen, gröbere Fragen – und alles ist zu Ende. Aus dem Duell wird eine Schlägerei. Mit den Menschen alter Zucht gehen auch die Institutionen, die *gefühlten* Formen, der Takt zu Ende. Der neue Parlamentarismus wird den Kampf ums Dasein in sehr wenig gezügelten Formen und mit sehr viel schlechterem Erfolge darstellen. Das Verhältnis der Parteihäupter zur Partei, der Partei zu den Massen wird roher, durchsichtiger, ungeschminkter sein. *Das ist der Anfang des Cäsarismus.* In den englischen Wahlen von 1918 ist er bereits angedeutet. Wir werden ihm ebensowenig entgehen. Er ist unser Schicksal so gut wie das römische, das chinesische, das aller reifgewordnen Zivilisationen. Aber Milliardäre oder Generale, Bankiers oder Beamte von größtem Format – das ist die ewige Frage.

Marx

19.

Dieser gewaltige Endkampf der beiden germanischen Ideen wird nun von einem ganz andren Faktor durchkreuzt: der Arbeiterfrage. Dort ist es ein innerlichster Gegensatz von Weltanschauungen, der zur Entscheidung drängt, um dem Sein des faustischen Menschen eine endgültige Einheitsform aufzuprägen; hier ist es ein materieller Notstand, der einen Wechsel der äußeren Lebensbedingungen fordert. Das eine ist gewissermaßen Metaphysik, das andre Nationalökonomie. Damit ist der *Rangunterschied* beider Erscheinungen festgestellt.

Das Problem des „vierten Standes“ taucht in jeder Kultur bei ihrem Übergang zur Zivilisation auf. Für uns beginnt es mit dem 19. Jahrhundert; Rousseau ist plötzlich veraltet. Der dritte Stand gehört zur Stadt, die sich ebenbürtig neben das Land stellt, der vierte zur Weltstadt, das Land vernichtet. Er ist das seelisch entwurzelte Volk sehr später Zustände, das nomadenhaft als formlose und formfeindliche Masse durch diese steinernen Labyrinthe wogt, den Rest lebendigen Menschentums ringsum aufsaugt, heimatlos, erbittert und elend, voller Haß gegen die starken Stufungen alter Kultur, für die es abgestorben ist, eine Befreiung aus seinem unmöglichen Dasein ersehnend.

Die Zivilisation Westeuropas wird durch die Maschinenindustrie in allen Äußerungen und Formen ihres gesamten Daseins beherrscht. Der Industriearbeiter ist durchaus nicht *der* vierte Stand, aber er fühlt sich mit Recht als Repräsentant dieses Standes. Er ist ein Symbol. Er ist als Typus mit dieser Zivilisation entstanden und er fühlt den Mißstand seines Daseins am tiefsten. Wenn andre Sklaven des technischen Zeitalters sind, der Ingenieur so gut wie der Unternehmer, so ist er *der* Sklave.

Aber eine Lösung der Arbeiterfrage für den Arbeiter allein und durch ihn allein gibt es nicht. Der vierte Stand an sich ist eine bloße Tatsache, keine Idee. Einer Tatsache gegenüber gibt es nur materielle Kompromisse, nicht als Wirkung und Verwirklichung irgendwelcher Ideale, sondern als strategische Resultate eines langen Ringens um den Vorteil auf Kosten andrer, das endlich zu einer Art Stillstand führt, in dem man die Lage, wie sie sich nach allen Zufälligkeiten des Kampfes endlich eingestellt hat, resigniert hinnimmt, um in ihr ein kleines Glück der Gewöhnung zu finden, ein Chinesenglück, das Glück der römischen Kaiserzeit: *panem et circenses.* Heute ist das schwer begreiflich, weil wir auf dem Höhepunkt der großstädtischen Massenerregung stehen und der nahe Beobachter infolge des Lärms der Schlagworte die *einseitigen Aussichten des Klassenegoismus* überschätzt, aber in ein, zwei Jahrhunderten wird alles vorüber sein, wenn nicht die Arbeiterbewegung in den Dienst einer allgemeinen Idee tritt. Was war von den Leidenschaften der Gracchenzeit unter Augustus noch übrig? Das Problem war nicht gelöst worden; es war zerfallen.

Hier setzt nun Marx ein. Er hat durch eine glänzende Konstruktion versucht, die Tatsache zum Rang einer Idee zu erheben. Über den mächtigen Gegensatz von Wikingertum und Ordensgeist spannt er eine dünne, aber festgefügte Theorie und schafft damit ein volkstümliches Bild der Geschichte, das in der Tat die Anschauungen der Gegenwart in weitgehendem Maße beherrscht. Er stammte aus der preußischen Atmosphäre und siedelte sich in der englischen an, der Seele beider Völker aber ist er gleichmäßig fremd geblieben. Als Mensch des naturwissenschaftlichen 19. Jahrhunderts war er ein guter Materialist und ein schlechter Psychologe. Und so hat er schließlich nicht die großen Realitäten mit dem Gehalt einer Idee erfüllt, sondern die Ideen zu Begriffen, zu Interessen herabgedrückt. Statt des englischen Blutes, das er nicht in sich fühlte, erblickte er nur englische Dinge und Begriffe, und von Hegel, der ein gutes Stück preußischen Staatsdenkens repräsentierte, war ihm nur die Methode zugänglich gewesen. Und so übertrug er durch eine wahrhaft groteske Kombination *den Instinktgegensatz der beiden germanischen Rassen auf den materiellen Gegensatz zweier Schichten. Er schrieb dem „Proletariat“, dem vierten Stande, den preußischen Gedanken des Sozialismus und der „Bourgeoisie“, dem dritten Stande, den englischen des Kapitalismus zu.* Aus diesem System erst ergab sich die feste Bedeutung der vier Begriffe, wie sie heute jedermann geläufig ist. Durch diese in ihrer Einfachheit unwiderstehlichen Schlagworte ist es ihm gelungen, die Arbeiterschaft fast aller Länder zu einer Klasse mit ausgeprägtem Klassenbewußtsein zu konsolidieren. In seiner Sprache redet, in seinen Begriffen denkt heute der vierte Stand. Proletariat war nicht mehr ein Name, sondern eine Aufgabe. Die Zukunft wurde von nun an durch ein Stück Literatur betrachtet. In der Oberflächlichkeit des Systems liegt seine Stärke. Obwohl es nach wie vor einen spanisch-kirchlichen, einen englisch-kapitalistischen und einen preußisch-autoritativen Sozialismus und proletarische Bewegungen von anarchischem, kapitalistischem und echt sozialistischem Charakter gibt, so weiß man es doch nicht. Der Glaube an die Einheit des Ziels ist stärker als die Wirklichkeit und er haftet wie immer im Abendlande an einem Buche, an dessen absoluter Wahrheit zu zweifeln ein Verbrechen ist. Das gedruckte Wort erst verbürgt dem faustischen Geiste die Wirkung in alle Fernen von Raum und Zeit. In der englischen Revolution war es die Bibel, in der französischen Rousseaus *Contrat social*, in der deutschen das kommunistische Manifest. Aus der Umdeutung des Gegensatzes von Rassen in den von Klassen und alter germanischer Instinkte in sehr junge Bedürfnisse großstädtischer Bevölkerungen ergibt sich nun der entscheidende *Begriff des Klassenkampfes*. Die horizontale Richtung der historischen Kräfte wird zur vertikalen: das ist der Sinn der materialistischen Geschichtsauffassung. Das naturwissenschaftliche Denken dieser Zeit fordert den Gegensatz von Kraft und Stoff: die Stoffe politischer Kräfte heißen Völker, die Stoffe wirtschaftlicher Kräfte heißen Klassen. Der Marxismus vertauscht den Rang der beiden Kräfte und damit auch den der beiden Stoffe. Damit erhält das Wort Klasse aber eine durchaus neue Bedeutung.

Mit der ganzen psychologischen Verständnislosigkeit eines naturwissenschaftlich geschulten Kopfes von 1850 weiß Marx mit dem Unterschied von Stand und Klasse nichts anzufangen. Ein Stand ist ein ethischer Begriff, Ausdruck einer Idee. Die Privilegierten von 1789 standen dem Bürgertum als *Stand* gegenüber, der ein Formideal, die *grandeur*, die *courtoisie*, die innere und äußere Vornehmheit verkörperte, gleichviel was der Verfall davon übrig gelassen hatte. Das Bürgertum bestritt die *ethische* Überlegenheit der alten vornehmen Sitte, und erst daraus folgte die Ablehnung der sozialen Vorrechte. Der englisch geschulte Verstand der Pariser setzte ihr ein andres Ideal entgegen und der französische Instinkt schuf daraus das Prinzip der Gleichheit im *ethischen* Sinne. Das war die neue Bedeutung des Ausdrucks „menschliche Gesellschaft“, nämlich Gleichheit und allgemeine Verbindlichkeit des *sittlichen* Ideals, das auf Vernunft und Natur und nicht auf Blut und Tradition beruhte.

Klasse ist demgegenüber aber ein rein wirtschaftlicher Begriff und von ihm aus wird der *ethisch-politische* Begriff des Bürgertums von 1789 in den *wirtschaftlichen* von 1850 umgekehrt. Das Standesideal ist zum Klasseninteresse geworden. Nur in England waren die Klassen schon längst nach dem Reichtum abgestuft. Die Mittelklasse umfaßte die, welche von ihrer Arbeit lebten, ohne arm zu sein. Die Oberklasse war reich, ohne zu arbeiten. Die Unterklasse arbeitete und war arm. In

Preußen aber war es die *Stellung*, ein Mehr oder Weniger von Befehl und Gehorsam, das die Klassen schied. Hier gab es neben dem Bauernstand eine Beamtenklasse, also überhaupt keine wirtschaftliche, sondern eine Einheit der Funktion. Zum Wesen des modernen Frankreich dagegen gehört das *Nichtvorhandensein wirklicher Klassen*. Die Nation ist eine ungeordnete Masse, aus der sich Reiche und Arme abheben, aber ohne eine Klasse zu bilden. Die ganze Nation ist eine Klasse, nicht von der Strenge germanischer Schichtungen, aber doch eine einzige.

Marx denkt also rein englisch. Sein Zweiklassensystem ist aus der Lage eines Händlervolkes gezogen, das seine Landwirtschaft eben dem Handel aufopferte und das nie eine staatliche Beamtenschaft mit ausgeprägtem – preußischen – Standesbewußtsein besessen hatte. Es gibt hier nur noch „Bourgeois" und „Proletarier", *Subjekte und Objekte des Geschäfts*, Räuber und Beraubte, ganz wikingermäßig. Auf den Bereich des preußischen Staatsgedankens angewendet, sind diese Begriffe Unsinn. Marx wäre nicht fähig gewesen, den aus dem Prinzip „Alle für alle" folgenden Gedanken, daß jeder einzelne ohne Unterschied der Stellung Diener des Ganzen, des Staates ist, von der Tatsache der englischen Industriesklaverei zu unterscheiden. Er nahm das *bloße Außenbild* des Preußentums: Organisation, Disziplin, Gemeinsamkeit, etwas, das von einer Einzelklasse ganz unabhängig ist, eine technische Form, den Sozialismus, um ihn als Ziel und Waffe der Arbeiterschaft in einer englisch geordneten *society* zu überreichen, damit sie, wiederum ganz wikingermäßig, die Rollen der Räuber und Beraubten umtauschen könne – Expropriation der Expropriateure –, noch dazu mit einem sehr egoistischen Programm der Beuteteilung nach dem Siege.

Eine Verlegenheit ist immer noch die genaue Definition der beiden Klassen. Bürgertum bedeutet innerhalb des marxistischen Gedankenkreises etwas ganz andres als in dem Rousseaus. Es ist ein großer Unterschied, ob man es im Gegensatz zu den Privilegierten der Feudalzeit oder vom Standpunkt der städtischen Arbeitermassen aus gebraucht. Zu den drei Ständen von 1789 gibt es dem Sinne nach keinen vierten mehr, zu dem vierten von heute keinen ersten und zweiten. Sieyès hatte die Geistlichkeit auf 80 000, den Adel auf 120 000, den dritten Stand auf 25 Millionen Köpfe berechnet. Demnach sei der letzte das Volk. Bourgeoisie bedeutet „alle“. Auch der französische Bauer ist Bourgeois.

Der vierte Stand aber ist eine Minderheit und nicht einmal scharf abtrennbar, denn je nach der Bezeichnung – Handarbeiter, Industriearbeiter, Proletarier, Masse – liegen die Grenzen anders. Er wird manchmal so definiert und noch öfter so empfunden, daß er sich von Bourgeoisie recht wenig unterscheidet – es sind wieder „alle“ mit Ausnahme der Unternehmer.

Der dritte Stand war ganz eigentlich eine Negation. Er will sagen, daß es keine Stände mehr geben soll. Der vierte Stand aber hebt diese Gleichheit wieder auf. Er stellt eine einzelne Berufsklasse als maßgebend in das soziale Leben; er greift über 1789 zurück und präsentiert sich wieder als ein privilegierter Stand. Das liegt in dem Begriff Diktatur des Proletariats, Herrschaft einer Klasse, die ihrer zahlenmäßigen Überlegenheit durchaus nicht gewiß ist. Damit ist das Klassenziel in eine Karikatur des alten Standesideals zurückverwandelt. Es ist nur Literatur, nicht Blut und Erziehung, was aus diesen Konstruktionen spricht, aber die Lächerlichkeiten der deutschen Revolution, die Arbeiterräte als neues Oberhaus, die Erhebung des Arbeiters zum englischen Gentleman durch den Streik bei fortlaufender Lohnzahlung haben, wie zur Zeit Cromwells und Robespierres, gezeigt, daß aus Literatur vorübergehend groteske Wirklichkeit werden kann.

20.

Aber auch die Moral von Marx ist englischen Ursprungs. Der Marxismus verrät in jedem Satze, daß er aus einer theologischen und nicht aus einer politischen Denkweise stammt. Seine ökonomische Theorie ist erst die Folge eines ethischen Grundgefühls und die materialistische Geschichtsauffassung bildet nur das Schlußkapitel einer Philosophie, deren Wurzeln bis zur englischen Revolution mit ihrer seitdem für das englische Denken verbindlich gebliebenen Bibelstimmung zurückreichen.

So kommt es, daß seine Grundbegriffe als moralische Gegensätze gefühlt sind. Die Worte Sozialismus und Kapitalismus bezeichnen das Gute und Böse dieser irreligiösen Religion. Der Bourgeois ist der Teufel, der Lohnarbeiter der Engel einer neuen Mythologie, und man braucht sich nur ein wenig in das vulgäre Pathos des kommunistischen Manifests zu vertiefen, um das independentische Christentum hinter der Maske zu erkennen. Die soziale Evolution ist der „Wille Gottes". Das „Endziel" hieß früher die ewige Seligkeit, der „Zusammenbruch der bürgerlichen Gesellschaft" das jüngste Gericht.

Damit lehrt Marx die *Verachtung der Arbeit*. Vielleicht hat er das nicht einmal gefühlt. Arbeit, harte, lange, ermüdende Arbeit ist ein Unglück, müheloser Erwerb ist ein Glück. Hinter der echt englischen Geringschätzung des Mannes, der nur seine Hände hat, um leben zu können, steht der Instinkt des Wikingers, dessen Beruf es ist, Beute zu machen und nicht – seine Segel zu flicken. Deshalb ist in England der Handarbeiter mehr Sklave als irgendwo. Er ist es *moralisch;* er fühlt, daß sein Erwerb ihn vom Namen eines Gentleman ausschließt. In den Begriffen Bourgeoisie und Proletariat stehen die rein englischen Wertungen von *Händlergewinn und Handarbeit* sich gegenüber. Das eine ist Glück, das andre Unglück, das eine vornehm, das andre gemein. Der Haß des Unglücklichen aber sagt: das erste ist der Beruf des Bösen, das zweite der des Guten.

Und so erklärt sich die Geistesverfassung von Marx, aus der seine Gesellschaftskritik hervorgegangen ist und die ihn für den *echten* Sozialismus so verhängnisvoll gemacht hat. Er kannte das Wesen der Arbeit nur in englischer Auffassung, als das Mittel reich zu werden, als ein Mittel ohne sittliche Tiefe, denn nur der Erfolg, das Geld, die sichtbar gewordene Gnade Gottes war von ethischer Bedeutung. Dem Engländer fehlt der Sinn für die *Würde* der strengen Arbeit. Sie entadelt, sie ist eine häßliche Notwendigkeit – wehe dem, der nichts hat als sie, der nichts besitzt ohne immer neue Arbeit und vor allem, der nie etwas besitzen *wird*. Hätte Marx den Sinn der preußischen Arbeit verstanden, der Tätigkeit um ihrer selbst willen, als Dienst im Namen der Gesamtheit, für „alle“ und nicht für sich, als Pflicht, die adelt ohne Rücksicht auf die *Art* der Arbeit, so wäre sein Manifest vermutlich nie geschrieben worden.

Aber hier unterstützte ihn sein jüdischer Instinkt, den er selbst in seiner Schrift über die Judenfrage gekennzeichnet hat. *Der Fluch der körperlichen Arbeit* am Anfang der Genesis, das Verbot, den Sonntag durch Arbeit zu *schänden*, das machte ihm das alttestamentliche Pathos des englischen Empfindens zugänglich. Und deshalb sein Haß gegen die, welche nicht zu arbeiten brauchen. Der Sozialismus Fichtes würde sie als Faulenzer verachten, als Überflüssige, Pflichtvergessene, Schmarotzer des Lebens, der Instinkt von Marx aber beneidet sie. Sie haben es zu gut und deshalb soll man sich gegen sie auflehnen. Er hat dem Proletariat die Mißachtung der Arbeit eingeimpft. Seine fanatischsten Jünger wollen die Vernichtung der ganzen Kultur, um die Menge der unentbehrlichen Arbeit möglichst herabzusetzen. Luther hatte die schlichteste Werktätigkeit als gottgefällig gerühmt, Goethe die „Forderung des Tages“; vor den Augen von Marx aber schwebt das Ideal des proletarischen Phäaken, der alles mühelos besitzt – das ist der Endsinn jener Expropriation der Glückseligen. Und er hat Recht dem englischen Instinkt gegenüber. Was der Engländer Glück nennt, der geschäftliche Erfolg, der körperliche Arbeit erspart, der den Menschen damit zum Gentleman macht, sollte allen – Engländern zukommen. Für uns ist das gemein, der Geschmack von Mob und Snob.

Diese Ethik beherrscht seine ökonomischen Vorstellungen. Sein Denken ist durchaus manchesterlich; es gleicht vollkommen dem Cobdens, der gerade damals die Freihandelslehre der Whigs zum Siege führte. Marx bekämpft den Kapitalismus, der seine Rechtfertigung aus Bentham und Shaftesbury holt und sie von Adam Smith formulieren läßt; da er aber nur Kritiker ist, verneinend und unschöpferisch, so empfängt er sein Prinzip von eben der Sache, die er verneint.

Arbeit ist ihm eine Ware, keine „Pflicht“: das ist der Kern seiner Nationalökonomie. Seine Moral wird zur Geschäftsmoral. Nicht daß das Geschäft unsittlich ist, sondern daß der Arbeiter ein Narr war, es nicht zu machen, liest man zwischen den Zeilen. Und der Arbeiter hat es verstanden. Der Lohnkampf wird Spekulation, der Arbeiter wird Händler mit seiner Ware „Arbeit“. Das Geheimnis der berühmten Phrase vom Mehrwert ist es, daß man ihn als *Beute* empfindet, die der Händler der Gegenpartei davonträgt. Man gönnt sie ihm nicht. Der Klassenegoismus ist zum Prinzip erhoben. Der Handarbeiter will nicht nur handeln, sondern *er will den Markt beherrschen*. Der echte Marxist ist dem Staat aus genau demselben Grunde feindlich gesinnt wie der Whig: er hindert ihn in der rücksichtslosen Verfechtung seiner privaten Geschäftsinteressen. Marxismus ist der Kapitalismus der Arbeiterschaft. Man denke an Darwin, der Marx geistig ebenso nahe steht wie Malthus und Cobden. Der Handel ist stets als Kampf ums Dasein gedacht. In der Industrie handelt der Unternehmer mit der Ware „Geld“, der Handarbeiter mit der Ware „Arbeit“. Marx möchte dem Kapital das Recht auf Privatinteressen entziehen, aber er weiß es nur durch das Recht der Arbeiter auf Privatinteressen zu ersetzen. Das ist unsozialistisch, aber echt englisch.

Denn Marx ist auch darin Engländer geworden: *In seinem Denken kommt der Staat nicht vor*. Er denkt im Bilde der *society*, staatlos. Es gibt wie im politisch-parlamentarischen Dasein Englands, so im wirtschaftlichen Leben seiner Welt nur ein System zweier souveräner Parteien, nichts was *über* den Parteien steht. Es ist also nur Kampf, kein Schiedsgericht, nur Sieg oder Niederlage, nur die Diktatur einer der beiden Parteien denkbar. Die Diktatur der kapitalistischen, der bösen Partei will das Manifest durch die der proletarischen, der guten, ersetzen. Andre Möglichkeiten sieht Marx nicht.

Aber der preußisch-sozialistische Staat steht jenseits von diesem gut und böse. Er ist das *ganze* Volk, und seiner unbedingten Souveränität gegenüber sind beide Parteien nur – Parteien, Minderheiten, die *beide* der Allgemeinheit dienen. Sozialismus ist, rein technisch gesprochen, das Beamtenprinzip. Jeder Arbeiter erhält letzten Endes den Charakter eines Beamten statt eines Händlers, jeder Unternehmer ebenso. Es gibt Industriebeamte und Handelsbeamte so gut wie militärische und

Verkehrsbeamte. Das ist im größten Stile in der ägyptischen Kultur und wieder ganz anders in der chinesischen durchgeführt worden. Es ist die *innere Form* der politischen Zivilisation des Abendlandes und schon in den gotischen Städten mit ihren Zünften und Gilden, schon im System gotischer Dome symbolisch ausgedrückt, wo jedes kleine Glied notwendiger Teil eines dynamischen Ganzen ist. Das hat Marx nicht verstanden. Sein Horizont und seine geistige Gestaltungskraft reichten nur so weit, um eine private Händler *gesellschaft* in eine private Arbeiter *gesellschaft* umzustülpen. Als Kritiker von erstem Range, ist er als Schöpfer ohnmächtig. Sein beständiges Ausweichen vor der Frage, wie er sich denn die Regierungsform dieses riesenhaften Weltmechanismus denke, sein dilettantisches Lob des aus den besonderen Verhältnissen einer belagerten Großstadt entstandenen und auch so nicht lebensfähigen „Rätesystems“ der Pariser Kommune von 1871 beweisen es. Das Schöpferische lernt man nicht. Man hat es oder hat es nicht. Die gesamte Sozialdemokratie des 19. Jahrhunderts hat nur *einen* Schöpfer großen Stils hervorgebracht, *einen* Politiker, der nicht zu schreiben, sondern zu regieren wußte: Bebel, sicher nicht die erste Intelligenz seiner Partei, aber ihr erster und einziger Organisator. Für einen Herrscher kommen ganz andre Talente in Betracht als Intelligenz im Literatensinne. Napoleon duldete keine „Bücherschreiber“ um sich.

Aus dem wirtschaftlichen Darwinismus des Engländers und dem Zweiklassensystem von Marx ergibt sich nun die natürliche Waffe im Kampf zwischen Händlertum und handelnder Arbeiterschaft: *der Streik*. Durch den Streik wird dem Käufer die Ware „Arbeit“ verweigert. Durch den Streik der Gegenpartei, die Aussperrung, wird dem Käufer die Ware „Geld“ verweigert. Eine Reservearmee von Arbeitern sichert den Käufern von Geld, eine Reservearmee von Unternehmern (Arbeitermangel) den Käufern von Arbeit ihren Absatz. Der Streik ist das *unsozialistische* Kennzeichen des Marxismus, das klassische Merkmal seiner Herkunft aus einer Händlerphilosophie, der Marx aus Instinkt und Gewöhnung angehörte.

Im *Staate* ist dagegen Arbeit keine Ware, sondern eine Pflicht der Allgemeinheit gegenüber, und es gibt – das ist *preußische* Demokratisierung – keinen Unterschied in der sittlichen Würde der Arbeit: der Richter und Gelehrte „arbeiten“ so gut wie der Bergmann und Eisendreher. Es war deswegen englisch gedacht, daß in der deutschen Revolution der Handarbeiter das übrige Volk ausbeutete, indem er für möglichst wenig Arbeit möglichst viel Geld erpreßte und seine „Ware“ an Bedeutung über jede andre erheben wollte. Im Kampfmittel des Streiks liegt die Voraussetzung, daß es kein Volk als Staat, sondern *nur* Parteien gibt. Marxistisch, also englisch ist der Gedanke des freien Lohnkampfes und nach dem Siege der proletarischen Partei die einseitig souveräne Festsetzung der Löhne.

Der preußische Gedanke ist die unparteiische staatliche Festsetzung des Lohnes für jede Art von Arbeit, nach Maßgabe der wirtschaftlichen Gesamtlage planmäßig abgestuft, im Interesse des Gesamtvolkes und nicht einer einzelnen Berufsklasse. Das ist das Prinzip der Beamtengehaltsordnung, auf alle Arbeitenden angewandt. Es schließt das *Verbot des Streiks* als eines antistaatlichen und händlerischen Privatmittels ein. Die Festsetzung der Löhne muß Arbeitgebern *und* Arbeitern entzogen und einem allgemeinen Wirtschaftsrat übertragen werden, so daß beide mit einer festen Größe zu rechnen haben, wie das bei andern Größen der Betriebsführung und Lebenshaltung längst der Fall ist.

Der Marxismus ist gegenüber den *angebornen* Formen des preußisch-sozialistischen Menschen sinnlos. Er kann sie verneinen und abschwächen, aber sie werden sich endlich wie alles Lebendige und Natürliche dem Theoretischen gegenüber als stärker erweisen. Im Bereich des englischen Wesens aber ist er zu Hause; hier wird er besser verstanden als der echte Sozialismus und hier ist mit der *ernsthaften* Eröffnung des Zweikampfs der wirtschaftlichen Parteien der Parlamentarismus alten Stils zu Ende. Die beiden von der Oberklasse gebildeten Parteien des Reichtums waren *politisch* konstituiert und in wirtschaftlichen Fragen im letzten Grunde einig. Selbst der Kampf um das Freihandelssystem, in welchem um 1850, der letzten Zeit des klassischen Parlamentarismus, die Whigs siegten, wurde in vollendeten Formen ausgetragen. Tories und Whigs unterschieden sich nur, indem sie Krieg und Unterwerfung oder kaufmännische Durchdringung, den Mut oder die List des Piraten vorzogen. Jetzt aber bildet ein wirtschaftlicher Gegensatz zwei neue Parteien – des Geldes und der Arbeit – und dieser Kampf läßt sich *nicht* mehr mit parlamentarischen Mitteln führen. Hier ist nicht mehr die Form, sondern die Sache bestritten und da gibt es, wenn man sich nicht einem fremden Prinzip, dem des Staates als einer parteilosen Autorität unterwerfen will, nur die endgültige Unterdrückung der einen Wirtschaftspartei durch die andre.

21.

Marx hat nun das ohnehin stark schematische und von einem sehr fragwürdigen Blickpunkt aus aufgenommene Bild des industriellen England durch einfache Verlängerung der Perspektive über die gesamte Geschichte ausgedehnt. Er behauptet die Gültigkeit seiner wirtschaftlichen Konstruktionen für die *ganze* "menschliche Gesellschaft" und zwar mit dem Zusatz, daß sie das einzig Wesenhafte im Lauf der Geschichte seien. Er gleicht darin Darwin, der ebenfalls von Malthus ausging und sein System für „alle Organismen" als gültig behauptete, während es in der Tat nur auf die menschenähnlicheren höhern Tiere paßt und absurd wird, wenn man Einzelheiten wie Zuchtwahl, Mimicry und Vererbung auf Spaltpilze und Korallentiere ernstlich anwendet.

Die materialistische Geschichtsauffassung, welche die ökonomische Lage als Ursache (in der physikalischen Bedeutung des Wortes) und Religion, Recht, Sitte, Kunst, Wissenschaft als Wirkungen ansetzt, hat in diesem späten Stadium ohne Zweifel etwas Überzeugendes, weil sie sich an das Denken irreligiöser und traditionsloser Großstadtmenschen wendet: Nicht etwa, daß die wirtschaftliche Situation wirklich „Ursache", sondern daß Kunst und Religion kraftlos, leer, äußerlich geworden sind und nun in der Tat als Schatten der einzigen kräftig entwickelten Ausdrucksform der Zeit wirken. Gerade das aber ist vor allem englisch; die Religion als „cant“, die Kunst als „comfort“ der Oberklasse und als Almosen der Unterklasse („die Kunst dem Volke“) sind mit dem englischen Lebensstil in die andern Länder gedrungen.

Aber Hegel steht über, sein Schüler Marx unter der Ebene historischer Tatsächlichkeit. Wenn man Hegels Metaphysik beseitigt, so erscheint ein Staatsdenker von so starkem Wirklichkeitssinn, wie die neuere Philosophie keinen zweiten aufweist. Er stellt als Preuße aus geistiger Wahlverwandtschaft den Staat mit derselben Sicherheit in den Mittelpunkt seiner sehr tief, beinahe goethisch gefaßten Entwicklung, wie Marx als Wahlengländer die Wirtschaft in den Mittelpunkt seiner mechanisch-darwinistischen „Evolution“ (zu deutsch „Fortschritt“). *Der Staat ist bei Hegel der Geschichtsbildner; Politik ist Geschichte.* „Menschliche Gesellschaft“ ist nicht sein Wort. Die hohen Beamten der Generation Bismarcks waren zum großen Teil strenge Hegelianer. Marx aber denkt die *Geschichte ohne Staat*, Geschichte als Arena von Parteien, Geschichte als Widerstreit wirtschaftlicher Privatinteressen. Materialistische Geschichtsauffassung ist englische Geschichtsauffassung, der Aspekt eines ungebundnen Wikinger- und Händlervolkes.

Aber die geistigen Voraussetzungen dieser Denkweise sind heute nicht mehr vorhanden. Das 19. Jahrhundert war das der Naturwissenschaft; das 20. gehört der Psychologie. Wir glauben nicht mehr an die Macht der Vernunft über das Leben. Wir fühlen, daß das Leben die Vernunft beherrscht. Menschenkenntnis ist uns wichtiger als abstrakte und allgemeine Ideale; aus Optimisten sind wir Skeptiker geworden: nicht was kommen sollte, sondern was kommen wird, geht uns an; und Herr der Tatsachen bleiben ist uns wichtiger als Sklave von Idealen werden. Die Logik des Naturbildes, die Verkettung von Ursache und Wirkung scheint uns oberflächlich; nur die Logik des Organischen, das Schicksal, der Instinkt, den man fühlt, dessen Allmacht man im Wechsel der Dinge schaut, zeugt von der *Tiefe* des Werdens. Der Marxismus ist eine Ideologie. Er trägt die Zeichen davon auch in seiner Geschichtsteilung, die der Materialist vom Christentum übrig behielt, nachdem die Macht des

Glaubens erloschen war. Vom Altertum über das Mittelalter zur Neuzeit führt der Weg der Evolution, an dessen Ende der verwirklichte Marxismus, das irdische Paradies steht. Es ist wertlos, dies Bild zu widerlegen. Dem modernen Menschen einen *neuen Blick* zu geben, aus dem von selbst, mit Notwendigkeit ein neues Bild folgt, darauf kommt es an. Das Leben hat kein „Ziel". Die Menschheit hat kein „Ziel". Das Dasein der Welt, in welcher wir auf unserm kleinen Gestirn eine kleine Episode abspinnen, ist etwas viel zu Erhabenes, als daß Erbärmlichkeiten wie „das Glück der Meisten" Ziel und Zweck sein könnten. In der Zwecklosigkeit liegt die Größe des Schauspiels. So empfand es Goethe. Aber dieses Leben, das uns geschenkt ist, diese Wirklichkeit um uns, in die wir vom Schicksal gestellt sind, mit dem höchstmöglichen Gehalt erfüllen, so leben, daß wir vor uns selbst stolz sein dürfen, so handeln, daß von uns irgendetwas in dieser sich vollendenden Wirklichkeit fortlebt, das ist die Aufgabe. Wir sind nicht „Menschen an sich". Das gehört zur vergangnen Ideologie. Weltbürgertum ist eine elende Phrase. Wir sind Menschen eines Jahrhunderts, einer Nation, eines Kreises, eines Typus. Das sind die notwendigen Bedingungen, unter denen wir dem Dasein Sinn und Tiefe verleihen können, Täter, auch durch das Wort Täter sein können. Je mehr wir diese *gegebenen* Grenzen füllen, desto weiter ist unsre Wirkung. Plato war Athener, Cäsar war Römer, Goethe war Deutscher: daß sie das *ganz und zuerst* waren, war die Voraussetzung ihrer welthistorischen Wirkung.

Von diesem Standpunkt aus stellen wir heute, mitten in der deutschen Revolution, Marxismus und Sozialismus gegenüber. Der Sozialismus, das noch immer unverstandene Preußentum ist ein Stück Wirklichkeit höchsten Ranges, Marx ist – Literatur. Eine Literatur veraltet, eine Wirklichkeit siegt oder stirbt. Man vergleiche die sozialistische Kritik auf den internationalen Kongressen mit einer sozialistischen Tatsache, der Bebelpartei. Die Redensart, daß Ideen die Weltgeschichte machen, ist so, wie sie verstanden sein sollte, interessiertes Literatengeschwätz. Ideen spricht man nicht aus. Der Künstler schaut, der Denker fühlt, der Staatsmann und Soldat verwirklichen sie. Ideen werden nur durch das Blut, triebhaft, nicht durch abstraktes Nachdenken bewußt. Sie bezeugen ihr Dasein durch den Stil von Völkern, den Typus von Menschen, die Symbolik von Taten und Werken, und ob diese Menschen überhaupt von ihnen wissen, ob sie darüber sprechen und schreiben oder nicht, richtig oder falsch, das ist wenig wichtig. Das *Leben* ist das erste und letzte und das Leben hat kein System, kein Programm, keine Vernunft; es ist für sich selbst und durch sich selbst da und die tiefe Ordnung, in der es sich verwirklicht, läßt sich nur schauen und fühlen – und dann vielleicht beschreiben, aber nicht nach gut und böse, richtig oder falsch, nützlich und wünschenswert zerlegen.

Deshalb ist der Marxismus keine Idee. In ihm sind sichtbare Zeichen und Formen zweier Ideen verstandesmäßig und also willkürlich zusammengestellt. Diese *Denkweise* ist vorübergehend. Sie war wirksam, weil jedes Volk diese Begriffe als Waffe benutzt hat. Wiederum ist es gleichgültig, ob man sie verstanden hat oder nicht. Sie wirkten, weil man bei dem Klang der Worte und der Wucht der Sätze an irgendetwas glaubte. An was – das war wiederum die unveränderliche Idee des eignen Lebens, das eigne Blut.

Der Marxismus bricht mit der schallenden Orgie seines Versuchs zur Wirklichkeit heute zusammen. Das kommunistische Manifest tritt mit dem Jahre 1918 genau so in das Dasein einer bloßen literarischen Merkwürdigkeit wie der Contrat social mit dem Jahre 1793. Der wirkliche, instinktive Sozialismus als Ausdruck altpreußischen Wesens, literarisch nach England verirrt und zu einer antienglischen Theorie ausgedörrt, kehrt heute zum Bewußtsein seines Ursprungs und seiner Bedeutung zurück.

Die Internationale

22.

Später einmal wird man auch das mit Ironie betrachten, was heute als internationaler Sozialismus das politische Bild der Welt beherrscht. Was wirklich vorhanden ist, die *Internationale der Schlagworte, der Marxismus als Phrase*, vermag nur für Jahrzehnte und auch dann nur in viel geringerem Grade, als das Geräusch der Kongresse und die Zuversicht der Aufrufe vermuten läßt, in den Arbeitern aller Länder ein Gefühl von Zusammengehörigkeit zu erwecken. In Wirklichkeit beschränkt sich die Einigung auf den Glauben, daß sie vorhanden ist, und auf die Tatsache, daß eine Bewegung in einem Lande oft solche in andern hervorruft, wo dann vermeintlich dasselbe angestrebt wird. Aber es ist bezeichnend für eine mit Literatur so durchsättigte Zivilisation wie die heutige, daß Massenführer, die in einem beständigen Nebel von Theorien leben, trotzdem Träger von sehr starken Wirklichkeiten werden können. Auf diesen Lügenkongressen kommen die Vertreter englischen, französischen, deutschen, russischen Lebensgefühls zusammen, um sich immer wieder, ohne einander in den letzten Gründen des Wollens und Fühlens irgendwie zu verstehen, auf einen gewissen Bestand von Sätzen zu einigen, unter denen man dasselbe zu meinen und zu fordern glaubt.

Wie dünn diese intellektuelle Wirklichkeit über die andre der nationalen Instinkte gebreitet ist, hat der August 1914 gezeigt, wo sie in *einem* Tage unter der plötzlichen Glut natürlicher und nicht geistiger Leidenschaften verdunstete. Sozialismus ist in jedem Lande etwas andres. Es gibt so viel Arbeiterbewegungen, als es heute lebendige Rassen in seelischem Sinne gibt, und sie lehnen sich, sobald es sich um mehr handelt als die Feststellung gemeinsamen Hasses, mit demselben Hasse gegenseitig ab wie die Völker selbst. Es gibt rote Jakobiner und rote Puritaner, ein rotes Versailles, ein rotes Potsdam. Zwischen Shaw und Bebel besteht dieselbe Distanz wie zwischen Rhodes und Bismarck. Es ist immer wieder nur derselbe theoretische Stoff, aus dem sie alle ihre Kleider machen.

Im Weltkriege war es nicht nur die Entente, die sich gegen Deutschland, sondern auch der Pseudosozialismus der Ententeländer, der sich gegen den wirklichen, den preußischen, in Deutschland richtete. *In der Person des Kaisers hat der echte Sozialismus sich selbst verraten, seine Herkunft, seinen Sinn, seine Stellung in der sozialistischen Welt*. Bebel hätte das gefühlt und verhindert. Seine Epigonen verstanden es nicht. Heute gehen sie auf die Lügenkongresse und unterzeichnen den Versailler Vertrag im Reich der Phrase noch einmal. Der preußisch-deutsche Sozialismus hat seinen gefährlichsten Gegner *nicht* in dem deutschen Kapitalismus, der starke sozialistische Züge in sich trug und den *er selbst* erst seit 1917 in englische Formen gedrängt hat, am stärksten vielleicht durch die Lockerung der meisterhaft organisierten Gewerkschaften und die Einführung der lokalen Betriebsräte, hinter deren Zugeständnis die Mehrheitssozialisten ihren liberal-parlamentarischen Hang vor den Massen zu verbergen suchen, sondern in dem, was in der Heimat des Kapitalismus unter dem Namen Sozialismus getrieben wird. Was Engels mit seinen scharfen Augen sah, daß es *nur* deutschen Sozialismus gibt, das haben die heutigen Wortführer des deutschen Sozialismus vergessen und sie suchen es durch michelhafte Unterwürfigkeit den Ententesozialisten zu beweisen.

In der Tat ist der französische Sozialismus der Putsche und Sabotagen ein bloßes Gefühl der sozialen Revanche, das schon im Pariser Kommuneaufstand seine Clémenceaus gefunden hat, der englische ein Reformkapitalismus, der deutsche allein eine Weltanschauung. Der Franzose bleibt Anarchist, der Engländer liberal und vor allem ist der französische und englische Arbeiter *zuerst* Franzose und Engländer und erst dann, vielleicht, theoretisch, Anhänger der Internationale. Der *geborne* Sozialist, der preußische Arbeiter, ist immer der Narr der andern gewesen. Er allein nahm die Phrase ernst wie nur irgendein Professor die Phrasen der Paulskirche. Er, der *allein* auf eine grandiose Schöpfung, auf seine Partei, verweisen konnte, war der andächtige Zuhörer der andern und half ihre Streiks bezahlen.

Eine *echte* Internationale ist nur durch den Sieg der Idee *einer* Rasse über alle andern möglich und nicht durch die Auflösung aller Meinungen in eine farblose Masse. Seien wir endlich Skeptiker und werfen wir die alte Ideologie fort. Es gibt keine Versöhnungen in der wirklichen Geschichte. Wer an sie glaubt, muß ein ewiges Grauen vor dem Narrentanz der Ereignisse empfinden, und er flüchtet sich nur in eine Selbsttäuschung, wenn er meint, ihn je durch Verträge beschwören zu können. Es gibt nur *ein* Ende des ewigen Kämpfens, den Tod. Den Tod des einzelnen, den Völkertod, den Tod einer Kultur. Der unsrige liegt noch weit vor uns im ungewissen Dunkel des nächsten Jahrtausends. Wir Deutsche, die wir in dieses Jahrhundert gestellt sind, eingeflochten mit unserm Dasein in das der faustischen Zivilisation, haben reiche, unverbrauchte Möglichkeiten in uns und ungeheure Aufgaben vor uns. Zu der Internationale, die sich *unwiderruflich* vorbereitet, haben wir die Idee der Weltorganisation, des Weltstaates, die Engländer die der Welttruste und Weltausbeutung, die Franzosen nichts zu geben. Wir stehen dafür nicht mit unsern Reden, sondern mit unserm *Dasein* ein. Mit dem Preußentum steht und fällt der Ordensgedanke des *echten* Sozialismus. Nur die Kirche trägt noch den alten spanischen Universalgedanken in sich, die Hütung und Pflege aller Völker im Schatten des Katholizismus. Aus den Tagen der Stauferzeit droht das Bild eines riesenhaften Kampfes zwischen einem politischen und einem religiösen Weltgedanken herüber. In diesem Augenblick aber triumphiert in dem britischen Löwen der dritte, der Wikingergedanke: die Welt nicht als Staat, nicht als Kirche, sondern als Beute.

Die echte Internationale ist Imperialismus, Beherrschung der faustischen Zivilisation, also der *ganzen Erde*, durch ein einziges gestaltendes Prinzip, nicht durch Ausgleich und Zugeständnis, sondern durch Sieg und Vernichtung. Der Sozialismus hat den Kapitalismus und den Ultramontanismus neben und gegen sich, drei Arten sozialistischen Willens zur Macht: durch den Staat, das Geld, die Kirche. Sie haben ihre Kräfte in der politischen, wirtschaftlichen und religiösen Bewußtseinswelt, von denen jede die beiden andern sich einzuordnen sucht: das sind die schöpferischen Instinkte des preußischen, des englischen und des spanischen Menschen und sie reichen von der geistigen Kälte und Höhe der modernen Zivilisation zurück bis zu jenen frühen triebhaften Menschen der gotischen Zeit, die sich mit Schwert und Pflug die märkischen Sümpfe unterwarfen, in ihren zerbrechlichen Kähnen das Nordmeer kreuzten und den Glaubenskampf gegen die Mauren südlich der Pyrenäen führten. Märkische, englische und spanische Gotik zeugen von einer andern Seele als die französische. Diese

Instinkte sind mächtiger als alles und können sogar die Völker überleben, in denen sie sich sichtbare Symbole geschaffen haben. Es gab einen römischen Geist noch zu einer Zeit, wo es echte Römer nicht mehr gab. Der spanische Geist als Volk ist ohnmächtig, aber als Kirche steht er in ungebrochner Kraft da.

Das sind die Wirklichkeiten, welche die Internationale der Kongresse mit den Schlagworten von Marx glaubt einebnen zu können.

23.

Das schlimmste dieser Worte heißt Kommunismus. Mit seiner Kritik wird die Kardinalfrage des *Eigentums* berührt. Es ist hier nicht der Ort, eine so schwierige Frage auch nur im Umriß darzulegen und die tiefen Zusammenhänge zwischen Eigentum und Ehe, Eigentum und politischem Ideal, Eigentum und Weltanschauung in ihrer ganzen symbolischen Wucht zu beleuchten. Jede der großen Kulturen hat auch hier ihre eigne Sprache. Der abendländische Gedanke des Eigentums ist von dem antiken, indischen, chinesischen weit entfernt: *Eigentum ist Macht*. Was nicht dynamisch wirkt, aller tote Besitz, das „Haben" an sich gilt dem echt faustischen Menschen wenig. Darin liegt das Geheimnis der Hervorhebung des *produktiven* Eigentums vor allem andern, der bloßen „Habe". Die sinnliche antike Freude an aufgehäuften Schätzen ist unter uns selten. Der Stolz des Eroberers, des Kaufmanns und Spielers, selbst des Sammlers von Kunstwerken ruht auf dem Bewußtsein, mit seiner Beute Macht erworben zu haben. Der spanische Golddurst, der englische Landhunger richten sich auf *werbenden* Besitz. Gegen diesen energischen Begriff des Eigentums erhebt sich in der Renaissance und in Paris ein andrer: das *Rentnerideal*. Nicht Wirkung, sondern Genuß, nicht „alles", sondern „genug", nicht Tat, sondern „Leben" war das Endziel dieser Habsucht. Die Kondottieri wollten ihre Fürstentümer und Schätze haben, um die müßige Kultur ihres Jahrhunderts in vollen Zügen zu genießen. Das Bankhaus der Medici, eines der ersten Europas, war weit von dem Ehrgeiz entfernt, den Weltmarkt beherrschen zu wollen. Ludwig XIV. sandte seine Generäle und Steuerpächter aus, um eine gesicherte

Unterlage für das olympische Dasein eines Sonnenkönigtums zu schaffen. Der französische Adel von Versailles war durchaus von Renaissancegefühlen beherrscht. Seine Kultur war nichts weniger als dynamischer Art. Reisende Engländer wie Young waren, kurz vor der Revolution, erstaunt, wie schlecht er seine Güter bewirtschaftete. Es genügte ihm, wenn er sie „hatte" und wenn der Intendant die Summen für das Leben in Paris zusammenbrachte. Diese Aristokratie des 18. Jahrhunderts bildete den strengsten Gegensatz zu der tätigen, erwerbenden und erobernden englischen und preußischen. Der bloße Selbsterhaltungstrieb des französischen Reichtums hat ihn zur Beherrschung des Weltmarktes und zu echter Kolonisation selbst in den großen Augenblicken der französischen Geschichte unfähig gemacht. Aber der Grandseigneur von 1750 ist als Typus durchaus der Vorgänger des Bourgeois von 1850, jenes harmlosen Rentners, den nur nationale Eitelkeit von Zeit zu Zeit gefährlich machte und dessen Namen Marx wirklich nicht zur Bezeichnung der kapitalistischen Gesellschaft hätte verwenden sollen.

Denn Kapital ist das große Wort, in dem die *englische* Auffassung vom Eigentum liegt. Kapital bedeutet wirtschaftliche Energie; es ist die Rüstung, in der man den Kampf um den Erfolg aufnimmt. Dem französischen Kavalier und Rentner stehen hier die Börsen-, Petroleum- und Stahlkönige gegenüber, deren Genuß im Bewußtsein wirtschaftlicher Allmacht besteht. Daß eine Erkältung überall in der Welt die Kurse fallen läßt, daß ein Telegramm von drei Worten Katastrophen auf der andern Seite des Erdballs hervorruft, daß Handel und Industrie ganzer Länder im Bereich ihres persönlichen Kredits liegen, das ist ihr Begriff vom Eigentum und zwar vom *Privateigentum*. Man muß das ganze Pathos des Wortes zu würdigen wissen. Der Milliardär fordert die unumschränkte Freiheit, durch seine privaten Entschlüsse mit der Weltlage nach Gefallen zu schalten, ohne einen ethischen Maßstab als den des Erfolges. Er kämpft mit allen Mitteln des Kredits und der Spekulation den Gegner auf seinem Felde nieder. Der Trust ist sein Staat, seine Armee, und der politische Staat nicht viel mehr als sein Agent, den er mit Kriegen, wie dem spanischen und südafrikanischen, mit Verträgen und Friedensschlüssen beauftragt. Die Vertrustung der ganzen Welt ist das Endziel dieser echten Herrenmenschen: Mag das nominelle Eigentumsrecht des Durchschnittsmenschen unangetastet bleiben, mag er sein Hab und Gut *als Rentnerkapital* in voller Freiheit vererben, verkaufen, verteilen, die wirtschaftliche Kraft dieser Habe *als Händlerkapital* wird doch von einem Zentrum aus unsichtbar in bestimmte Richtung geleitet; damit ist der Geldmagnat Eigentümer in einem höheren Sinne und ganze Völker und Staaten arbeiten unter seinem schweigenden Befehl und nach seinem allgegenwärtigen Willen. Und diesem Eigentumsbegriff, in den sich der Liberalismus des Geschäfts verkleidet hat, tritt nun der preußische entgegen: Eigentum nicht als private Beute, sondern als *Auftrag der Allgemeinheit*, nicht als Ausdruck und Mittel persönlicher Macht, sondern als anvertrautes Gut, für dessen Verwaltung der Eigentümer dem Staate Rechenschaft schuldig ist; der nationale Wohlstand nicht als Summe individueller Einzelvermögen, sondern die Einzelvermögen als *Funktionen* der wirtschaftlichen Gesamtmacht. Das große Wort Friedrichs II. muß immer wiederholt werden: Ich bin der erste *Diener* meines Staates. Wenn jeder einzelne diese Anschauung zu seiner eignen macht, ist der Sozialismus eine Tatsache geworden. Es gibt keinen stärkeren Gegensatz als Ludwig XIV. mit der *Tatsache*: Der Staat bin ich. Preußentum und Jakobinismus, sozialistischer und anarchischer Instinkt sind, ob auf dem Thron oder in den Gassen, der stärkste überhaupt denkbare Gegensatz innerhalb des Abendlandes, und auf ihm beruht die unauslöschliche Feindschaft zwischen beiden Völkern. Napoleon hat auf St. Helena bemerkt: „Preußen war ein Hindernis für Frankreich seit den Tagen Friedrichs und wird es auch bleiben; es war das größte Hindernis in bezug auf meine Absichten für Frankreich."

Denn in der Tat, die Form, in welcher das Revanchebedürfnis der französischen Arbeiterschaft den Besitzenden entgegentritt, ist das Gegenteil von Sozialismus: der Kommunismus im eigentlichen Sinne. Auch der Arbeiter will Rentner sein. Er haßt die Muße der andern, die er selbst auf keine Weise erreichen kann. Gleichheit des Genusses, gleiche

Möglichkeit des Rentnerdaseins für jedermann ist das Ziel, das auch der berühmten, echt französischen Formel Proudhons zugrunde liegt: Eigentum ist Diebstahl. Denn hier bedeutet Eigentum nicht Macht, sondern *die erworbene Möglichkeit des Genusses*. Gütergemeinschaft und nicht Vergesellschaftung der Produktionsmittel, Verteilung des Reichtums („Alles soll allen gehören“) und nicht Vertrustung der wertschaffenden Kräfte – das ist ein französisches Ideal gegen ein englisches. Und dem entspricht die sozialistische Utopie Fouriers: Auflösung der Staaten in kleine Gesellschaften, Kommunen, „Phalansterien“, die sich zusammentun, um bei möglichst geringer Arbeit einen möglichst reichen Lebensgenuß zu erzielen.

Was die englische Unterklasse will, um das Eigentumsideal der herrschenden Oberklasse sich zugänglich zu machen, hat Owen in einer Art von Kapitalreform zu zeichnen versucht. Aber man kennt die Macht jener Wikingerinstinkte schlecht, wenn man glaubt, daß das englisch-amerikanische Kapital auch nur einen Schritt auf dem Wege der absoluten wirtschaftlichen Weltherrschaft zurückweichen werde. Die unbedingte persönliche Freiheit und die natürliche Ungleichheit, die aus ihr auf Grund persönlicher Fähigkeiten folgt, ist die Voraussetzung. An Stelle des autoritativen Sozialismus setzt der angelsächsische Milliardär einen allerdings großartigen *Privatsozialismus*, eine Wohltätigkeit und Fürsorge großen Stils, in der die eigne Macht noch einmal zum Genuß und in der das empfangende Volk auch moralisch besiegt wird. Über der glänzenden Art, in welcher diese Millionen ausgegeben werden, vergißt man, wie sie erworben sind: es ist die Haltung jener alten Korsaren, die beim Festmahl in eroberter Burg den Gefangenen die Brocken ihrer Tafel zuwarfen. Diese *freiwillige* Preisgabe von Eigentum verstärkt die Kraft des übrigen. Und daß dieser freie Willensakt nicht zur gesetzlichen Pflicht gemacht wird, ist im Grunde der prinzipielle Streitpunkt zwischen den wirtschaftlichen Zukunftsparteien in England und Amerika. Man ist heute bereit, weite wirtschaftliche Gebiete, die sich nicht zur Spekulation eignen, wie Bergbau und Eisenbahn, der Regierung eines Scheinstaates zu überweisen, aber man behält die stille Macht, diese Regierung selbst durch die demokratischen Formen des Parlamentarismus, das heißt durch Bezahlung der Wahlen und Zeitungen und damit der Anwerbung der Wähler und Leser, zu einem ausführenden Organ der eignen Geschäfte zu machen. Das ist die furchtbare *Gefahr einer Versklavung der Welt* durch das Händlertum. Ihr Mittel ist heute der *Völkerbund*, das heißt ein System von Völkern, die „Selbstregierung" nach englischer Art besitzen, das heißt in Wirklichkeit ein System von Provinzen, deren Bevölkerung von einer Händleroligarchie mit Hilfe erkaufter Parlamente und Gesetze ausgebeutet wird, wie die römische Welt durch Bestechung der Senatoren, Prokonsuln und Volkstribunen.

Dies werdende System hat Marx durchschaut und dagegen richtet sich der ganze Haß seiner Gesellschaftskritik. Er will diesen *englischen* Begriff des allmächtigen Privateigentums stürzen, aber er weiß wiederum nichts zu formulieren als eine Verneinung: Expropriation der Expropriateure, Beraubung der Räuber. Und trotzdem ist in diesem antienglischen Prinzip das preußische enthalten: mit der vollen germanischen Achtung vor dem Eigentum doch die in ihm ruhende Macht nicht dem einzelnen, sondern der Gesamtheit, dem Staate zuzuweisen. Das heißt Sozialisierung. Sie ist mit dem sichern Instinkt einer nicht durch Theorien verwirrten Regierung von Friedrich Wilhelm I. bis auf Bismarck, von den Kriegs- und Domänenkammern des ersten bis auf die Sozialpolitik des letzten fortschreitend entwickelt worden, bis die strenggläubigen und die abtrünnigen Marxisten der deutschen Revolution den Gedanken um die Wette verdarben. Sozialisierung heißt *nicht* Verstaatlichung auf dem Enteignungs- oder Diebstahlswege. Sie ist überhaupt keine Frage des nominellen Besitzes, sondern der Verwaltungstechnik. Dem Schlagwort zuliebe ohne Maß und Ziel Betriebe aufzukaufen und sie statt der Initiative und Verantwortung ihrer Besitzer einer Verwaltung überliefern, die zuletzt alle Übersicht verlieren muß, das heißt den Sozialismus zugrunde richten. Der altpreußische Gedanke war, unter sorgfältiger Schonung des Eigentums- und Erbrechtes die gesamte Produktivkraft in ihrer Form der Gesetzgebung zu unterstellen, die persönliche Unternehmungslust, das Talent, die Energie wie den Geist eines geübten

Schachspielers unter Regeln und mit der Freiheit, welche gerade die Beherrschung der Regeln gewährt, arbeiten zu lassen. Das war in weitgehendem Maße schon in den alten Kartellen und Syndikaten der Fall und das müßte sich planmäßig auf die Arbeitsweise, Arbeitswertung, Gewinnverteilung und die dienstlichen Beziehungen zwischen dem anordnenden und dem ausführenden Element ausdehnen lassen. Sozialisierung bedeutet die langsame, in Jahrzehnten erst sich vollendende Verwandlung des Arbeiters in einen Wirtschaftsbeamten, des Unternehmers in einen verantwortlichen Verwaltungsbeamten mit sehr weitgehender Vollmacht, des Eigentums in eine Art erblichen Lehens im Sinne der alten Zeit, das mit einer gewissen Summe von Rechten und Pflichten verbunden ist. Der Wirtschaftswille bleibt frei wie der Wille des Schachspielers: nur die Wirkung nimmt einen geregelten Verlauf. Den preußischen Beamtentypus, den ersten der Welt, haben die Hohenzollern gezüchtet. Er bürgt für die Möglichkeit einer Sozialisierung durch seine ererbten sozialistischen Fähigkeiten. Er ist seit 200 Jahren als Methode das, was der Sozialismus als Aufgabe ist. In diesen Typus muß der Arbeiter hineinwachsen, wenn er aufhört Marxist zu sein, und dadurch beginnt Sozialist zu worden. Der „Zukunftsstaat" ist ein Beamtenstaat. Das gehört zu den unausweichlichen Endzuständen, die aus den Voraussetzungen unsrer in ihrer Richtung festgelegten Zivilisation folgen. Auch der Milliardärsozialismus würde ein Volk unvermerkt in ein Heer von Privatbeamten verwandeln. Die großen Trusts sind heute schon Privatstaaten, welche ein Protektorat über den offiziellen Staat ausüben. Preußischer Sozialismus bedeutet aber die *Einordnung* dieser Wirtschaftsstaaten der einzelnen Berufszweige in den Gesamtstaat. Die Streitfrage zwischen Konservativen und Proletariern ist im Grunde gar nicht die Notwendigkeit dieses autoritativ-sozialistischen Systems, dem man nur durch die Annahme des amerikanischen entgehen könnte (der Wunsch des deutschen Liberalismus), sondern die Frage des Oberbefehls. Es gibt heute scheinbar die Möglichkeiten eines Sozialismus von oben und von unten, beide in diktatorischer Form. In Wirklichkeit würden beide allmählich in dieselbe Endform auslaufen.

Im Augenblick wird dies noch in dem Grade verkannt, daß beide Parteien in der Verfassung das Entscheidende sehen. Es kommt aber nicht auf Sätze, sondern auf Persönlichkeiten an. Gelingt es den Arbeiterführern nicht, in kurzer Zeit die von ihnen erforderten hohen staatsmännischen Fähigkeiten zum Vorschein zu bringen, so werden andre sie ablösen. In einer Organisation, die den Unterschied von Arbeitern und Beamten grundsätzlich aufhebt, indem sie jedem Befähigten eine geregelte Laufbahn von der Handarbeit untersten Ranges über Aufsichtsämter bis zur Leitung eines Wirtschaftskörpers eröffnet, werden unter der Hand eines gebornen Staatsmannes konservative und proletarische Endziele: die vollkommene Verstaatlichung des Wirtschaftslebens nicht durch Enteignung, sondern durch Gesetzgebung, schließlich doch zusammenfallen. Die oberste Leitung aber kann nicht republikanisch sein. Republik bedeutet heute, wenn man alle Illusionen beiseite setzt, die Käuflichkeit der ausübenden Gewalt durch das Privatkapital. Ein Fürst gehorcht der Tradition seines Hauses und der Weltanschauung seines Berufs. Mag man davon denken, wie man will: das enthebt ihn der Interessenpolitik der Parteien heutigen Schlages. Er ist ihr Schiedsrichter, und wenn in einem sozialistisch gedachten Staat die Berufsräte bis zum obersten Staatsrat eine Auslese nach praktischen Fähigkeiten, so kann er eine engere Auswahl nach sittlichen Eigenschaften treffen. Ein Präsident oder Premierminister oder Volksbeauftragter aber ist die Kreatur einer Partei und eine Partei ist die Kreatur derer, die sie bezahlen. Ein Fürst ist heute der einzige Schutz einer Regierung vor dem Händlertum. Die Macht des Privatkapitals führt sozialistische und monarchische Prinzipien zusammen. Das individualistische Eigentumsideal bedeutet Unterwerfung des Staates unter die freien Wirtschaftsmächte, das heißt Demokratie, das heißt Käuflichkeit der Regierung durch den privaten Reichtum. In einer modernen Demokratie stehen die Massenführer nicht den Führern des Kapitals, sondern dem Gelde selbst und dessen anonymer Macht gegenüber. Die Frage ist, wie viele der Führer dieser Macht widerstehen können. Wenn man wissen will, wie sich eine nicht mehr junge und deshalb von ihrer eignen Vortrefflichkeit begeisterte Demokratie in

Wirklichkeit von der in ideologischen Köpfen vorhandenen unterscheidet, so lese man Sallust über Catilina und Jugurtha. Es ist kein Zweifel, daß uns Römerzustände bevorstehen, aber eine monarchisch-sozialistische Ordnung kann sie unwirksam machen.

Das sind die drei Eigentumsideale, die heute im Kampfe stehen: das kommunistische, das individualistische und das sozialistische mit den Endzielen der Verteilung, Vertrustung und Verwaltung des gesamten produktiven Eigentums der Welt.

24.

Ich habe bis jetzt von Rußland geschwiegen; mit Absicht, denn hier trennen sich nicht zwei Völker, sondern *zwei Welten*. Die Russen sind überhaupt kein Volk wie das deutsche und englische, sie enthalten die Möglichkeit vieler Völker der Zukunft in sich wie die Germanen der Karolingerzeit. Das Russentum ist das Versprechen einer kommenden Kultur, während die Abendschatten über dem Westen länger und länger werden. Die Scheidung zwischen russischem und abendländischem Geist kann nicht scharf genug vollzogen werden. Mag der seelische und also der religiöse, politische, wirtschaftliche Gegensatz zwischen Engländern, Deutschen, Amerikanern, Franzosen noch so tief sein, im Vergleich zum Russentum rücken sie sofort zu einer geschlossenen Welt zusammen. Wir lassen uns durch manche westlich gefärbte Bewohner russischer Städte täuschen. Der echte Russe ist uns innerlich so fremd wie ein Römer der Königszeit oder ein Chinese lange vor Konfuzius, wenn sie plötzlich unter uns erschienen. Er selbst hat das immer gewußt, wenn er zwischen dem „Mütterchen Rußland“ und „Europa“ eine Grenze zog.

Für uns ist die russische Urseele, hinter Schmutz, Musik, Branntwein, Demut und seltsamer Trauer, etwas Unergründliches. Unsre Urteile, die von späten, städtischen und geistig zur Höhe gereiften Menschen einer ganz anders gearteten Kultur, sind von uns aus geformt. Was wir da „erkennen“, ist nicht diese eben erst aufdämmernde Seele, von der selbst Dostojewski nur in hilflosen Lauten redet, sondern unser *geistiges Bild* von ihr, das vom Oberflächenbilde russischen Lebens und russischer

Geschichte bestimmt und durch unsre aus eigner innerer Erfahrung geschöpften Beziehungsworte wie Wille, Vernunft, Gemüt gefälscht ist. Dennoch ist einigen ein kaum in Worte zu fassender Eindruck von ihr vielleicht möglich, der wenigstens über die unermeßliche Kluft keinen Zweifel läßt, die zwischen ihr und uns liegt.

Dies kindlich dumpfe und ahnungschwere Russentum ist nun von „Europa" aus durch die aufgezwungenen Formen einer bereits männlich vollendeten, fremden und herrischen Kultur gequält, verstört, verwundet, vergiftet worden. Städte von unsrer Art, mit dem Anspruch unsrer geistigen Haltung wurden in das Fleisch dieses Volkstums gebohrt, überreife Denkweisen, Lebensansichten, Staatsideen, Wissenschaften dem unentwickelten Bewußtsein eingeimpft. Um 1700 drängt Peter der Große dem Volk den politischen Barockstil mit Kabinettsdiplomatie, Hausmachtpolitik, Verwaltung und Heer nach westlichem Muster auf; um 1800 kommen die diesen Menschen ganz unverständlichen englischen Ideen in der Fassung französischer Schriftsteller herüber, um die Köpfe der dünnen Oberschicht zu verwirren; noch vor 1900 führen die Büchernarren der russischen Intelligenz den Marxismus, ein äußerst kompliziertes Produkt westeuropäischer Dialektik ein, von dessen Hintergründen sie nicht den geringsten Begriff haben. Peter der Große hat das echt russische Zarentum zu einer Großmacht im westlichen Staatensystem umgeformt und damit seine natürliche Entwicklung verdorben, und die Intelligenz, selbst ein Stück des in diesen fremdartigen Städten verdorbenen echt russischen Geistes, verzerrte das primitive Denken des Landes mit seiner dunklen Sehnsucht nach eignen, in ferner Zukunft liegenden Gestaltungen wie dem Gemeinbesitz von Grund und Boden des „Mütterchen Rußland" zu kindischen und leeren Theorien im Geschmack französischer Berufsrevolutionäre. Petrinismus und Bolschewismus haben gleich sinnlos und verhängnisvoll mißverstandene Schöpfungen des Westens, wie den Hof von Versailles und die Kommune von Paris, dank der unendlichen russischen Demut und Opferfreude in starke Wirklichkeiten umgesetzt. Dennoch haften ihre Einrichtungen an der Oberfläche russischen Seins und die eine wie die andre ist der beständigen Möglichkeit plötzlichen Verschwindens und ebenso plötzlicher Wiederkehr ausgesetzt. Das Russentum selbst hat bis jetzt nur religiöse Erlebnisse gehabt, keine wirklich sozialen und politischen. Man verkennt Dostojewski, einen Heiligen in der vom Westen her erzwungenen widersinnigen und lächerlichen Gestalt eines Romanschriftstellers, wenn man seine sozialen „Probleme" anders auffaßt als seine Romanform. Sein Wirklichstes steht mehr zwischen als in den Zeilen und steigert sich in den Brüdern Karamasow zu einer religiösen Tiefe, neben der nur Dante genannt werden darf. Die revolutionäre Politik aber stammt lediglich von einer kleinen, nicht mehr sicher russisch empfindenden und auch der Abkunft nach kaum russischen Schicht der großen Städte und bewegt sich deshalb in den Formen von doktrinärem Zwang einerseits und instinktiver Abwehr anderseits.

Und daher jener furchtbare, tiefe, urrussische Haß gegen den Westen, das Gift im eignen Leibe, der aus dem innerlichen Leiden Dostojewskis und den lauten Ausbrüchen Tolstois in derselben Stärke spricht wie aus dem wortlosen Empfinden des kleinen Mannes; der oft unbewußte, oft hinter einer aufrichtigen Liebe verborgene unstillbare Haß gegen alle Symbole faustischen Willens, gegen die Städte, Petersburg voran, die sich als Stützpunkte dieses Willens in das Bauerntum dieser endlosen Ebenen genistet haben, gegen Wissenschaften und Künste, das Denken, das Fühlen, den Staat, das Recht, die Verwaltung, gegen Geld, Industrie, Bildung, Gesellschaft, gegen alles. *Es ist der Urhaß der Apokalypse gegen die antike Kultur*, und etwas von der finsteren Erbitterung der Makkabäerzeit und viel später noch jenes Aufstandes, der zur Zerstörung von Jerusalem führte, liegt sicherlich allem Bolschewismus zugrunde. Seine doktrinären Konstruktionen würden die Wucht nicht erzeugt haben, mit welcher die Bewegung heute noch fortdauert. Er selbst wird von den Instinkten des *unterirdischen* Rußland gegen den Westen gedrängt, der sich zunächst in dem Petrinismus darstellte, und er wird zuletzt, als Erzeugnis dieses Petrinismus, auch noch vernichtet werden, um die innere Befreiung von „Europa" zu vollenden.

Der westliche Proletarier will die Zivilisation des Westens in seinem Sinne umgestalten, der russische Intelligent will sie, meist gegen sein Wissen, das dünn auf der Oberfläche seiner Instinkte schwimmt, vernichten. Das ist der Sinn des östlichen *Nihilismus*.

Unsre Zivilisation ist längst eine rein städtische geworden; dort aber gibt es keine „Masse", sondern nur „*Volk*". Der echte Russe ist ohne Unterschied Bauer, auch als Gelehrter, auch als Beamter. Diese nachgemachten Städte mit ihrer nachgemachten Masse und Massenideologie berühren sein Interesse nicht. Trotz alles Marxismus gibt es *nur* eine Landfrage. Der „Arbeiter" ist ein Mißverständnis. Das unberührte, unzerstörte Land ist wie bei den Germanen der Karolingerzeit die einzige Wirklichkeit. Diese Stufe haben wir vor einem Jahrtausend durchlebt. Wir verstehen einander nicht. Wir Westeuropäer können gar nicht mehr in Verbundenheit mit dem Urboden leben. Wenn wir aufs Land gehen, so tragen wir die Stadt mit uns samt allen ihren seelischen Bedingungen und zwar im Blute, nicht wie der russische Intelligent nur im Kopfe. Der Russe aber trägt innerlich sein Dorf in diese russischen Städte. Man muß immer wieder die russische Seele vom russischen System unterscheiden, das Bewußtsein der Führer von den Instinkten der Geführten, um den unüberbrückbaren Abstand zwischen östlichem und westlichem „Sozialismus" nicht zu verkennen. Was ist der Panslawismus anders als eine westlich-politische Maske für das Gefühl einer großen religiösen Mission? Der russische Arbeiter ist trotz aller Industrieschlagworte von Mehrwert und Expropriation kein Großstadtarbeiter, kein Massenmensch wie der in Manchester, Essen und Pittsburg, sondern ein entlaufener Pflüger und Mäher mit einem Haß gegen die fremde ferne Macht, die ihn für seinen Beruf, von dem die Seele sich doch nicht lösen kann, verdorben hat. Es ist ganz gleichgültig, mit was für Anschauungen der Bolschewismus arbeitet. Wenn in seinen Programmen von allem das Gegenteil stünde, würde seine unbewußte Mission für das erwachende Rußland doch dieselbe sein: der Nihilismus.

Aber die geistige Hefe *unsrer* Städte begeistert sich dafür. Er ist eine Mode müßiger und zerrütteter Gehirne geworden, eine Waffe verrottender Weltstadtseelen, ein Ausdruck faulen Blutes. Der Salonspartakismus gehört mit Theosophie und Okkultismus zusammen: er bedeutet uns das, was der Isiskult nicht für die orientalischen Sklaven Roms, sondern für entartende Römer selbst war. Daß er in Berlin eingezogen ist, hängt mit der ungeheuren Lüge dieser Revolution zusammen, in der nichts Echtes mehr war. Daß öde Narren hier Bauernräte gründeten, um die Formeln der Sowjets nachzuäffen, daß man nicht merkte, wie dort die Landfrage, hier die Stadtfrage das Problem war, bedeutet wenig. In Deutschland hat der Spartakismus dem Sozialismus gegenüber keine Zukunft. Aber der Bolschewismus wird sich *Paris* erobern und dort in Verschmelzung mit dem anarchischen Syndikalismus die müde, sensationsbedürftige französische Seele befriedigen. Er wird die Form sein, in welcher das *taedium vitae* dieser lebenssatten Riesenstadt sich ausdrückt. Er hat als gefährliches Gift für raffinierte Geister im Westen eine größere Zukunft als im Osten.

In Rußland wird ihn die einzig mögliche Form für ein Volkstum unter diesen Bedingungen, ein neuer Zarismus irgendwelcher Gestalt ablösen, und daß dieser den preußisch-sozialistischen Formen näher stehen wird als den parlamentarisch-kapitalistischen, läßt sich vermuten. Die Zukunft des unterirdischen Rußland aber liegt nicht in der Lösung politischer oder sozialer Verlegenheiten, sondern *in der sich vorbereitenden Geburt einer neuen Religion,* der dritten aus den reichen Möglichkeiten des Christentums, so wie die germanisch-abendländische Kultur um das Jahr 1000 mit der unbewußten Schöpfung der zweiten begann. Dostojewski ist einer der voraufgehenden Verkünder dieses noch namenlosen, aber heute schon mit einer stillen, unendlich zarten Gewalt eindringenden Glaubens.

Wir Menschen des Westens sind religiös fertig. In unsren Stadtseelen hat die frühe Religiosität sich längst zu „Problemen" intellektualisiert. Die Kirche ist mit dem Tridentinum vollendet. Aus dem Puritanismus ist der Kapitalismus, aus dem Pietismus der Sozialismus geworden. Die angloamerikanischen Sekten repräsentieren nur das Bedürfnis nervöser Geschäftsmenschen nach einer Beschäftigung des Gemüts mit theologischen Fragen. Nichts kann jämmerlicher sein als die Versuche eines gewissen Protestantismus, seinen Leichnam mit bolschewistischem Kot wieder lebendig zu reiben. Anderswo ist dasselbe mit Okkultismus und Theosophie versucht worden. Und nichts ist trügerischer als die Hoffnung, die russische Religion der Zukunft werde die westliche befruchten. Darüber sollte heute schon kein Zweifel bestehen: der russische Nihilismus richtet sich mit seinem Haß gegen Staat, Wissen, Kunst *auch* gegen Rom und Wittenberg, deren Geist sich in *allen* Formen westlicher Kultur ausgesprochen hat und in ihnen getroffen werden soll. Das Russentum wird diese Entwicklung beiseite schieben und über Byzanz wieder unmittelbar an Jerusalem anknüpfen.

Damit aber ist noch einmal gesagt, wie bedeutungslos der Bolschewismus, diese blutige Karikatur westlicher Probleme, die ihrerseits einst aus westlicher Religiosität hervorgegangen sind, für die große Weltfrage ist, die der Westen *heute* zur Entscheidung stellt und die nur für das *Oberflächen*rußland mit gestellt ist: die Wahl zwischen preußischer oder englischer Idee, Sozialismus oder Kapitalismus, Staat oder Parlament.

Ich fasse zusammen. Was in diesen kurzen Ausführungen zur Sprache gekommen ist, sollte demjenigen Teil unsres Volkes, der durch Tatkraft, Selbstzucht und geistige Überlegenheit zur Führung der nächsten Generation berufen ist, ein Bild der Zeit geben, in der wir stehen, und der Richtung, in welche unsre Bestimmung uns weist.

Wir wissen jetzt, was auf dem Spiele steht: nicht das deutsche Schicksal allein, sondern das Schicksal dar gesamten Zivilisation. Es ist die entscheidende Frage nicht nur für Deutschland, sondern für die *Welt*, und sie muß in Deutschland für die Welt gelöst werden: soll in Zukunft der Handel den Staat oder der Staat den Handel regieren?

Ihr gegenüber sind Preußentum und Sozialismus dasselbe. Bis jetzt haben wir das nicht eingesehen. Wir sehen es auch heute noch nicht. Die Lehre von Marx und die Klassenselbstsucht haben es verschuldet, daß beide, die sozialistische Arbeiterschaft und das konservative Element, sich wechselseitig und damit den Sozialismus mißverstanden haben.

Heute aber ist die Gleichheit des Ziels nicht länger zu verkennen. Preußentum und Sozialismus stehen *gemeinsam gegen das innere England*, gegen die Weltanschauung, welche unser ganzes Leben als Volk durchdringt, lähmt und entseelt. Die Gefahr ist ungeheuer. Wehe denen, die in dieser Stunde aus Eigennutz und Unverstand fehlen! Sie werden andre und sich selbst verderben. Die Vereinigung bedeutet die Erfüllung des Hohenzollerngedankens und zugleich die Erlösung der Arbeiterschaft. *Es gibt eine Rettung nur für beide oder keinen.*

Die Arbeiterschaft muß sich von den Illusionen des Marxismus befreien. Marx ist tot. Der Sozialismus als Daseinsform steht an seinem Anfang, der Sozialismus als Sonderbewegung des deutschen Proletariats aber ist zu Ende. *Es gibt für den Arbeiter nur den preußischen Sozialismus oder nichts.*

Die Konservativen müssen sich von der Selbstsucht befreien, um deren willen schon der Große Kurfürst dem Hauptmann v. Kalckstein den Kopf vor die Füße legte. Demokratie, mag man sie schätzen wie man will, ist die Form dieses Jahrhunderts, die sich durchsetzen *wird*. Es gibt für den Staat nur Demokratisierung oder nichts. Es gibt für die Konservativen nur bewußten Sozialismus oder Vernichtung. Aber wir brauchen die Befreiung von den Formen der englisch-französischen Demokratie. Wir haben eine eigne.

Der Sinn des Sozialismus ist, daß nicht der Gegensatz von reich und arm, sondern der Rang, den Leistung und Fähigkeit geben, das Leben beherrscht. Das ist *unsre* Freiheit, Freiheit von der wirtschaftlichen Willkür des einzelnen.

Was ich erhoffe, ist, daß niemand in der Tiefe bleibt, der durch seine Fähigkeiten zum Befehlen geboren ist, daß niemand befiehlt, der durch seine Begabung nicht dazu berufen war. Sozialismus bedeutet Können, nicht Wollen. Nicht der Rang der Absichten, sondern der Rang der Leistungen ist entscheidend. Ich wende mich an die Jugend. Ich rufe alle die auf, die Mark in den Knochen und Blut in den Adern haben. Erzieht euch selbst! Werdet Männer! Wir brauchen keine Ideologen mehr, kein Gerede von Bildung und Weltbürgertum und geistiger Mission der

Deutschen. Wir brauchen Härte, wir brauchen eine tapfre Skepsis, wir brauchen eine Klasse von sozialistischen Herrennaturen. Noch einmal: der Sozialismus bedeutet Macht, Macht und immer wieder Macht. Pläne und Gedanken sind nichts ohne Macht. Der Weg zur Macht ist vorgezeichnet: der wertvolle Teil der deutschen Arbeiterschaft in Verbindung mit den besten Trägern des altpreußischen Staatsgefühls, beide entschlossen zur Gründung eines streng sozialistischen Staates, zu einer Demokratisierung im *preußischen* Sinne, beide zusammengeschmiedet durch eine Einheit des Pflichtgefühls, durch das Bewußtsein, einer großen Aufgabe, durch den Willen, zu gehorchen, um zu herrschen, zu sterben, um zu siegen, durch die Kraft, ungeheure Opfer zu bringen, um das durchzusetzen, wozu wir geboren sind, *was wir sind*, was ohne uns nicht da sein würde.

Wir sind Sozialisten. Wir wollen es nicht umsonst gewesen sein.